Wolf-Dieter Tölle

Früher mit mehr (Geld) in Rente

FBV

Bibliografische Information der Deutschen Nationalbibliothek
Die Deutsche Nationalbibliothek verzeichnet diese Publikation in der Deutschen Nationalbibliografie. Detaillierte bibliografische Daten sind im Internet über http://dnb.d-nb.de abrufbar.

Für Fragen und Anregungen:
info@finanzbuchverlag.de
1. Auflage 2020

Nymphenburger Straße 86
D-80636 München
Tel.: 089 651285-0
Fax: 089 652096

Redaktion: Judith Engst
Lektorat: Anja Hilgarth
Umschlaggestaltung: Karina Braun
Umschlagabbildung: Kite_rin/shutterstock.com
Satz: Röser MEDIA GmbH
Druck: CPI books GmbH, Leck
Printed in Germany

ISBN Print 978-3-95972-294-0
ISBN E-Book (PDF) 978-3-96092-546-0
ISBN E-Book (EPUB, Mobi) 978-3-96092-547-7

INHALT

EIN WICHTIGER HINWEIS VORAB

Wenn nachfolgend von Rentnern und Pensionären die Rede ist, sind selbstverständlich natürlich auch alle Rentnerinnen und Pensionärinnen und Ruheständler diverser Gender gemeint. Der Einfachheit halber und um der besseren Lesbarkeit willen verwende ich einen Begriff für alle, ohne irgendein Geschlecht bevorzugen zu wollen.

TEIL I: GESETZLICHE ALTERSVORSORGE

1. EINFÜHRUNG

Wir alle wollen einmal in Rente gehen, lieber früher als später. Die Politik hat in der Vergangenheit immer wieder betont, die gesetzlichen Renten seien sicher. Doch das scheint nicht mehr ganz zu stimmen. So wird aktuell die Grundrente forciert. Diskutiert werden Verpflichtungen zur weiteren privaten Vorsorge und der Umbau der Riester-Rente. Die Politik streitet über diese Themen. Dabei wird uns jedoch nicht mitgeteilt, wie dramatisch es um unseren wohlverdienten Ruhestand tatsächlich bestellt ist.

Der demografische Wandel ist nicht aufzuhalten. Wir werden immer älter und beziehen immer länger Rente. Betrug der Anteil der über 60-Jährigen 2011 noch 26,6 Prozent der Bevölkerung, so wird er voraussichtlich 2060 schon bei ca. 39 Prozent liegen. Das heißt wiederum: Immer weniger Arbeitnehmer zahlen Beiträge in die gesetzliche Rentenversicherung ein für immer mehr Rentner. Das führt dazu, dass die gesetzliche Rentenversicherung ihre heutigen Zusagen nicht einhalten kann. Vor allem, weil die Medizin weitere Fortschritte machen wird und daher die Rentenbezugsdauer zwar langsam, aber stetig weiter steigen wird.

Wollen wir dann noch früher in Rente, so wird dieses immer schwieriger. Dieses Buch zeigt Ihnen, wie Sie Ihren Traum „Früher mit mehr Geld in Rente“ dennoch verwirklichen können. Und das, obwohl das Zinsniveau weiterhin niedrig bleibt.

Also fangen Sie an und machen Sie mit, damit auch Sie „Früher mit mehr Geld in Rente“ gehen können. Viel Spaß dabei!

2. GRUNDSÄTZLICHES ZUM THEMA RENTE

Seit vielen Jahren beschäftige ich mich mit der Besteuerung der Renten und Pensionen im Ruhestand und habe dazu auch eine eigene Publikation verfasst.[1] 2005 hat der Gesetzgeber die Besteuerung der Renten eingeführt, mit einer langen Übergangsregelung für die Umstellung auf die sogenannte nachgelagerte Besteuerung. In diesem Zusammenhang frage ich mich natürlich: Wie geht es eigentlich mit unseren Renten weiter? Wie geht es den Rentnern jetzt und wie wird es uns als Rentnern in Zukunft gehen? Was passiert mit dem Renteneintrittsalter? Will ich überhaupt so lange arbeiten, wie es mir der Gesetzgeber vorschreibt? Kann ich nicht vielleicht früher in den wohlverdienten Ruhestand?

Ich habe einen Onkel, der bereits verstorben ist. Dieser Onkel hat in seinem Leben viel und gerne gearbeitet. Aber da er selbstständig war, war er nicht Mitglied in der gesetzlichen Rentenversicherung. Er betonte in seinem Rentenalter immer, er würde ja keine Rente bekommen. Doch war er kein armer Mann. Er hatte vorgesorgt, gespart. Damals gab es allerdings fürs Sparen noch viel Geld in Form von hohen Zinsen. Am liebsten legte er sein Erspartes in Festgeld über mehrere Jahre an, also langfristig. Dann waren die Zinsen höher und damals gab es wirklich noch hohe Zinsen. Das Vermögen vermehrte sich von selbst, ohne irgendein Risiko. So sparte er viel Geld und das machte es ihm im Alter sehr bequem. Er konnte sich frei entscheiden, wann er in den Ruhestand gehen, ob er nebenbei noch etwas arbeiten und wie viel oder wie wenig er für seinen Lebensstil ausgeben wollte. Diese Freiheit verschaffte ihm die private Vorsorge. Er hatte regelmäßig über viele Jahre hinweg vorgesorgt, gespart und angelegt.

Daneben habe ich einen anderen Onkel, der ebenfalls immer fleißig war und sich auf die gesetzliche Rentenversicherung verließ. Privat sorgte er nicht vor. Auch ihm geht es jetzt als Rentner nicht schlecht. Aber sein Renteneintritt war genau festgelegt. Freiheiten hatte er keine. Private Vorsorge hatte er nicht für notwendig gehalten. Die Renten waren damals auch noch sicher, wie die Politik betonte.

Ist das jetzt auch noch so? Renten wurden früher auch noch nicht besteuert. Nun gilt die nachgelagerte Besteuerung für Renten.

Die Frage lautet: Was stellen wir uns für unsere Zukunft vor? Sind die Renten zukünftig immer noch sicher? Wollen wir mehr Freiheit? Was müssen wir dafür in der heutigen Zeit tun?

Damals, als mein selbstständiger Onkel noch sparte, war die Wahl der Anlageform noch einfach. Ohne Risiko gab es hohe Zinsen. Es reichte, sein Erspartes einfach langfristig als Festgeld anzulegen. Das ist jetzt anders. Für Festgeld gibt es auch langfristig kaum noch Zinsen. Eher muss ein Sparer mit Negativzinsen rechnen. Auch wenn die Regierung offiziell über ein Verbot von Negativzinsen nachdenkt, so ist doch klar: Nach Abzug der Inflationsrate verliert das Ersparte, gemessen in realer Kaufkraft, an Wert.

Aufgrund der niedrigen Zinsen hätte mein Vorsorge-Onkel nun auch nicht mehr so einfach sein Vermögen vermehren können. Auch er hätte sich nun mehr ins Zeug legen müssen, um sich die Freiheit nehmen zu können, früher mit mehr Geld in Rente zu gehen.

Wir wollen uns in diesem Buch einmal damit beschäftigen, was uns die gesetzlichen Möglichkeiten im Hinblick auf unsere Rente bieten. Dann befassen wir uns mit der Frage, wie wir vielleicht mehr daraus machen können und wie wir privat optimal vorsorgen können, um wie mein Vorsorge-Onkel früher in Rente zu gehen, ohne dass das Geld knapp wird.

Wer früher in Rente gehen will, kann das nach den gesetzlichen Regelungen unter bestimmten Voraussetzungen tun. Allerdings wird dann die Rente dauerhaft um bestimmte Abschläge gekürzt. Das kann zu erheblichen finanziellen Einbußen und damit zu starken Einschränkungen führen. Neben den Kürzungen wird dann auch noch Einkommensteuer auf die ohnehin schon schmale Rente fällig.

Wer mehr zur Besteuerung der Ruhestandsbezüge, wie Renten und Pensionen, erfahren will, kann sich in meinem Buch „Alles was Sie über Steuern im Ruhestand wissen müssen", ebenfalls aus dem FinanzBuch Verlag (www.finanzbuchverlag.de) informieren.

In diesem Buch werden wir die Steuer, die auf Renten anfällt, nur am Rande betrachten. Wir müssen sie jedoch immer im Hinterkopf haben: Wenn die Rente hoch genug ist, werden wir sie in den meisten Fällen noch versteuern müssen – und Krankenkassenbeiträge werden ebenfalls darauf fällig. Das heißt: Wenn die Deutsche Rentenversicherung oder ein anderer Versorgungsträger, etwa ein Versorgungswerk, uns jährlich mitteilt, welche Rente wir voraussichtlich mit dem Renteneintrittsalter bekommen werden, dann müssen wir für unseren Bedarf einkalkulieren, dass auf die Bruttorente sowohl Steuern als auch Kranken- und Pflegekassenbeiträge anfallen und dass sich der genannte Betrag deshalb noch mindert. Das klingt nicht so gut.

Wer also früher in Rente will, muss rechtzeitig vorsorgen. Wer dann noch früher mit mehr Geld in Rente will, muss ein entsprechendes strategisches Konzept haben!

Wir wollen uns in diesem Buch die Möglichkeiten der gesetzlichen und betrieblichen Rentenversicherung und Altersvorsorge ansehen und dann eine Strategie für die private (zusätzliche) Vorsorge entwickeln, damit auch Sie früher mit mehr Geld in Rente gehen können.

3. ALLGEMEINE GRUNDSÄTZE ZUR VORSORGEPLANUNG

Sobald Sie einen festen Job haben und die wichtigsten Anschaffungen für sich und Ihre Familie getätigt haben, sollten Sie anfangen, ein Vorsorgekonzept zu entwickeln und umzusetzen. Auch wenn Sie erst später anfangen, ist ein solches Konzept noch möglich, allerdings mit etwas mehr Aufwand und unter Umständen etwas weniger Wirkung. Also fangen Sie schnellstmöglich mit Ihrer Vorsorgestrategie an.

> **Tipp**
> Wir können also schon einmal festhalten: Je früher Sie mit der Vorsorge anfangen, desto geringer ist der Aufwand bei größerer Wirkung.

Wer etwa 20 bis 25 Prozent seines Nettogehalts auf die hohe Kante legt, wird bei entsprechender Anlage ein gesundes Konzept für den frühen Renteneintritt haben. Es kommt darauf an, welche Wünsche und Bedürfnisse Sie später haben werden. Auch wer derzeit nicht so viel abzweigen kann, sollte mit kleineren Beträgen anfangen und später gegebenenfalls aufstocken. Langfristig kommt da einiges zusammen, denn auch Kleinvieh macht ja bekanntlich Mist, manchmal sogar erstaunlich viel Mist.

Wer etwas mehr auf die hohe Kante legen kann, hat es umso besser. Je mehr Sie für die Vorsorge aufwenden, umso komfortabler wird es mit dem früheren Renteneintritt. Also fangen Sie an. Dafür braucht es allerdings etwas Disziplin und möglicherweise die Bereitschaft zum Verzicht.

Es geht um den Verzicht auf die Dinge, die Sie zwar gerne haben wollen, aber nicht unbedingt brauchen. Überlegen Sie sich gut, was Sie anschaffen, und vergleichen Sie die Preise. Je mehr Sie beim Konsum sparen, desto mehr können Sie für die Vorsorge verwenden. Lassen Sie sich vom früheren Renteneintritt locken und motivieren Sie sich und Ihre Familie mit dieser schönen Aussicht, wie es mein Vorsorge-Onkel auch immer tat. Auch wenn Sie weniger für die Vorsorge verwenden, werden Sie natürlich Ihr Ziel realisieren, jedoch müssen Sie dann mit weniger Rente auskommen. Aber auch Sie werden mehr haben als der Durchschnitt.

Tipp
Wir können weiterhin festhalten: Je früher Sie sich Gedanken machen, und je mehr Sie für die Vorsorge beiseitepacken, desto früher können Sie mit mehr Geld in Rente.

Das einmal erstellte Vorsorge- und Sparkonzept sollte dauerhaft bedient werden und nicht nur zeitweise beziehungsweise vorübergehend. Denn nur wer stetig und über einen langen Zeitraum regelmäßig Vermögen aufbaut, wird für einen vorgezogenen Ruhestand ausreichend Kapital zur Verfügung haben.

Tipp
Hier können wir jetzt wiederum festhalten: Nur stetige und regelmäßige Vorsorge ermöglicht einen Kapitalaufbau in ausreichendem Maße.

Mit diesen allgemeinen Grundsätzen ist es bei der richtigen Anlagestrategie möglich, genug Vermögen aufzubauen, um damit früher mit mehr Geld in Rente zu gehen.

Dazu gehört grundsätzlich, wie oben schon angedeutet, noch eines: Disziplin. Zudem ist die richtige Anlagestrategie entscheidend. Diese werden wir uns später noch einmal genauer ansehen.

Zur Disziplin müssen Sie sich allerdings selbst aufrufen, aber die Aussichten sind durchaus attraktiv. Bedenken Sie außerdem: Vieles, was wir für den Konsum ausgeben, ist kurzfristig und schnell wieder aus der Mode. Wenn Sie hier sparen, schonen Sie zugleich die Umwelt und tun auch noch etwas für das Klima.

Auch das sind doch gute Nachrichten. Vielleicht können Sie einfach einmal darüber nachdenken, ob eine geplante Anschaffung wirklich so notwendig und nachhaltig ist, wie Sie im Moment glauben. Oftmals wird sich bei reiflicher Überlegung herausstellen, dass das nicht der Fall ist. Der Verzicht kann dann auch etwas Gutes haben, wie Sie sehen werden.

Wir werden uns aber zunächst einmal die grundsätzliche Funktionsweise und die Möglichkeiten sowie Grundprinzipen der gesetzlichen Rentenversicherung ansehen, bevor wir dann unsere Strategie zur privaten Vorsorgeplanung angehen. Denn nur, wenn Sie wissen, wie das gesetzliche Rentensystem funktioniert, können Sie die Notwendigkeit erkennen und die Disziplin aufbringen, privat vorzusorgen.

Goldene Regeln

- Beschäftigen Sie sich frühzeitig mit Ihrer Altersvorsorge.
- Verlassen Sie sich nicht auf das gesetzliche Rentensystem.
- Entwickeln Sie eine Strategie und fangen Sie möglichst früh mit der Vorsorge an.

Meine Strategie nenne ich „Onkel-Strategie“, sie impliziert eine frühzeitige Vorsorge und die Anlage möglichst großer Summen. Wie Sie das in der heutigen schwierigen Zeit machen, zeige ich Ihnen später im Buch.

4. ALTERSSTRUKTUR / RENTENSYSTEM / DEMOGRAFISCHE ENTWICKLUNG

Es gibt nicht die eine richtige oder falsche Altersvorsorge. Jeder Mensch sollte sich einmal Gedanken machen, was er im Alter erwartet und wie er im Alter leben möchte, auch Sie! Dann sollten Sie sich darüber Gedanken machen, wann das Rentenalter für Sie eigentlich wirklich beginnt. Vielleicht wollen Sie ja gar nicht bis zum vom Gesetzgeber vorgeschriebenen Renteneintrittsalter arbeiten, sondern schon vorher, wenn Sie noch jünger sind, Zeit haben und das Leben genießen. Vielleicht wollen Sie dabei noch in Teilzeit arbeiten oder gar nicht mehr. Wichtig ist es, die Wahl zu haben.

Die meisten Menschen freuen sich auf ihre Rente. Es ist ein schöner Gedanke, endlich einmal Zeit zu haben, das zu tun, was sie schon immer tun wollten. Schön wäre es natürlich auch, dazu das nötige Geld zu haben ...

Daran scheitert es bei vielen schon jetzt. Obwohl das Rentenniveau derzeit noch vergleichsweise hoch ist, beziehen viele Rentner Hilfeleistungen. Ohne das nötige Kleingeld kann weder der Lebensunterhalt bestritten noch können die übrigen Wünsche im Alter erfüllt werden.

Die Durchschnittsrente eines Ruheständlers beträgt derzeit nach Angaben der Deutschen Rentenversicherung (DRV) bei Männern ungefähr 1.150 bis 1.300 Euro. Bei Frauen ist sie noch geringer. Die Durchschnittsrente gibt den Durchschnitt aller Rentenbezieher in Deutschland an. Das darf nicht verwechselt werden mit der sogenannten Standardrente.

Bei der Standardrente, auch Eckrente genannt, handelt es sich um eine Rechengröße, mit der das Standardrentenniveau berechnet wird. Dabei ist die Standardrente der Betrag, den ein Rentner erhält, wenn er 45 Jahre lang gearbeitet, dabei das Durchschnittseinkommen erzielt und natürlich auch entsprechend in die Deutsche Rentenversicherung eingezahlt hat. Die Standardrente lag am 1. Juli 2018 in den alten Bundesländern bei 1.441,35 Euro brutto, in den neuen Bundesländern hingegen konnte ein Ruheständler, der die Standardrente bezog, brutto mit 1.381,05 Euro rechnen. Im Juli 2019 wurde die Rente erhöht, in den alten Bundesländern um 3,18 Prozent, in den neuen Bundesländern um 3,91 Prozent.[2] Ab 1. Juli 2020 gilt eine weitere Erhöhung im Westen Deutschlands um 3,15 Prozent und im Osten Deutschlands um 3,92 Prozent.

Beispiel

Bei einer Rente von 1.441,35 Euro bekam ein Rentner ab Mitte 2019 im Westen rund 46 Euro brutto mehr pro Monat, im Osten belief sich die Erhöhung auf 56 Euro. Ab Mitte 2020 erhöht sich die daraus resultierende Rente in Höhe von 1.487,35 Euro abermals um rund 47 Euro im Westen und um rund 58 Euro im Osten Deutschlands.

Weitere Erhöhungen werden in ebenso geringem Ausmaß erfolgen. In Zukunft ist damit zu rechnen, dass Rentenerhöhungen auch wieder ausgesetzt werden können. Das legt allein schon die Bevölkerungsentwicklung nahe, auf die ich später noch zurückkommen werde.

Die Nettorente, die nach Abzug von Kranken- und Pflegeversicherungsbeiträgen und einer womöglich anfallenden Einkommensteuer übrig bleibt, beträgt dann bei einer Bruttorente von rund 1.100 Euro etwa 900 bis 950 Euro. Der Beitrag zur Krankenkasse beträgt für Rentner 7,3 Prozent und für die Pflegeversicherung 2,55 Prozent. Für Betriebsrentner gibt es seit 1. Januar 2020 eine Freigrenze von 159,25 Euro, bis zu der keine Krankenkassenbeiträge auf die zusätzliche Betriebsrente erhoben werden. Oberhalb dieser Freigrenze wird allerdings der volle Krankenkassenbeitrag (Arbeitgeber- und Arbeitnehmeranteil) abgezogen. Für die Einkommensteuer gibt es neben dem Grundfreibetrag noch einen weiteren Freibetrag, den sogenannten Rentenfreibetrag, der vom Renteneintritt abhängig ist und ab 2040 völlig entfällt (siehe auch mein Buch „Alles was Sie über Steuern im Ruhestand wissen müssen“[3]).

Hier schon einmal ein kurzer Überblick zum Thema „Rentenfreibetrag“:

Seit 2005 gilt die Neuregelung zur Besteuerung der Renten mit einer Übergangsregelung bis zum Jahr 2040. Während der Übergangszeit wird für das Jahr des Rentenbeginns der Freibetrag festgeschrieben (siehe Tabelle 1). Das erfolgt mit der Einkommensteuerfestsetzung im Folgejahr. Wer 2005 in Rente gegangen ist, hatte einen Freibetrag von 50 Prozent; das heißt, nur 50 Prozent der Rente mussten versteuert werden. Der Rest der Rente war dann ein Leben lang steuerfrei. Allerdings wird dieser Freibetrag betragsmäßig, und nicht etwa prozentual, festgeschrieben, sodass er sich bei Rentenerhöhungen nicht anteilig erhöht.

Dieser Freibetrag wird jeweils festgesetzt und ist dann statisch; er bleibt in den Folgejahren unverändert. Für jeden Rentenbeginn nach dem Jahr 2005 bleiben je Jahr 2 Prozent weniger steuerfrei, das heißt, jeweils zusätzliche 2 Prozent der Rente sind steuerpflichtig. Ab dem Jahr 2020 wird der Freibetrag um jeweils 1 Prozent verringert. Daraus folgt, dass bei einem Rentenbeginn im Jahr 2019 somit 78 Prozent der Rente zu versteuern sind, das heißt, 22 Prozent bleiben steuerfrei. Bei einem Rentenantritt im Jahr 2020 sind 80 Prozent der Rente steuerpflichtig und somit nur noch 20 Prozent steuerfrei. Bei einem Renteneintritt im Jahr 2021 müssen dann 81 Prozent versteuert werden und nur noch 19 Prozent sind steuerfrei. Ab 2040 muss jeder Rentner seine Rente zu 100 Prozent versteuern.

Der im Jahr des Rentenbeginns festgestellte steuerfreie Teil der Rente bleibt also als fixer Freibetrag auch in den Folgejahren bis zum Ende der Rente steuerfrei.

Tabelle 1: Zu versteuernder Rentenanteil in Abhängigkeit vom Jahr des Renteneintritts

Jahr des Renteneintritts	Zu versteuernder Rentenanteil	Steuerfreie Rente
2005	50 Prozent	50 Prozent
2006	52 Prozent	48 Prozent

Jahr des Renteneintritts	Zu versteuernder Rentenanteil	Steuerfreie Rente
2007	54 Prozent	46 Prozent
2008	56 Prozent	44 Prozent
2009	58 Prozent	42 Prozent
2010	60 Prozent	40 Prozent
2011	62 Prozent	38 Prozent
2012	64 Prozent	36 Prozent
2013	66 Prozent	34 Prozent
2014	68 Prozent	32 Prozent
2015	70 Prozent	30 Prozent
2016	72 Prozent	28 Prozent
2017	74 Prozent	26 Prozent
2018	76 Prozent	24 Prozent
2019	78 Prozent	22 Prozent
2020	80 Prozent	20 Prozent
2021	81 Prozent	19 Prozent
2022	82 Prozent	18 Prozent
2023	83 Prozent	17 Prozent
2024	84 Prozent	16 Prozent
2025	85 Prozent	15 Prozent
2026	86 Prozent	14 Prozent
2027	87 Prozent	13 Prozent
2028	88 Prozent	12 Prozent
2029	89 Prozent	11 Prozent
2030	90 Prozent	10 Prozent
2031	91 Prozent	9 Prozent
2032	92 Prozent	8 Prozent
2033	93 Prozent	7 Prozent

Jahr des Renteneintritts	Zu versteuernder Rentenanteil	Steuerfreie Rente
2034	94 Prozent	6 Prozent
2035	95 Prozent	5 Prozent
2036	96 Prozent	4 Prozent
2037	97 Prozent	3 Prozent
2038	98 Prozent	2 Prozent
2039	99 Prozent	1 Prozent
2040	100 Prozent	0 Prozent

Es wird also nur ein Teil der Rente versteuert, sofern der Rentenbeginn bis 2039 erfolgt. Ab 2040 gibt es keinen Rentenfreibetrag mehr. Entscheidend ist das Jahr des Rentenantritts. Wer 2040 oder später in Rente geht, dessen Rente wird voll versteuert. Damit entfällt der Freibetrag und die gesamte in einem Jahr erhaltene Rente unterliegt der Einkommensteuer, sofern sie über dem Grundfreibetrag liegt. Dies wird bei den meisten Rentnern dann der Fall sein.

Der Rentenfreibetrag wird für das erste Rentenjahr festgestellt und auf Basis der Rentenzahlungen im Folgejahr für die Zukunft in Euro festgeschrieben. Es wird somit immer nur der Steuerfreibetrag aus dem ersten vollen Rentenzahlungsjahr abgezogen. Daraus folgt, dass zukünftige Rentenerhöhungen in voller Höhe steuerpflichtig sind. Beispiele zur Berechnung finden Sie in meinem oben genannten Buch, das gerade wieder in aktueller Auflage erschienen ist.

Ab 2040 werden alle Renten und Pensionen voll versteuert. Das führt dazu, dass weniger von den Ruhestandsbezügen zum Leben übrig bleibt.

Daneben wird das Rentenniveau in Zukunft sinken, da unser Rentensystem auf dem sogenannten Generationenvertrag beruht, dem Umlageverfahren. Das System funktioniert so, dass die nachfolgende Generation die aktuelle Rentengeneration finanziert. Werden wir immer älter und rücken immer weniger Arbeitnehmer nach, beginnt das System zu wanken, bis es nicht mehr funktioniert. Das Rentenniveau sinkt. Darum wird die Grundrente eingeführt werden. Aus Tabelle 2 ist zu erkennen, dass die Gesellschaft immer älter wird.

Tabelle 2: Durchschnittliche Lebenserwartung in Deutschland nach Geschlecht[4]

	Männer	Frauen
2010	77,7	82,8
2015	78,4	83,2
2020	79,0	84,0
2030	81,0	86,0

Lag der Anteil der über Sechzigjährigen 2011 noch bei 26,6 Prozent, so werden es 2060 voraussichtlich bereits 39,2 Prozent, also fast 40 Prozent der Gesamtbevölkerung in Deutschland, sein. Der Anteil der über 60-Jährigen steigt damit enorm. Das zeigt, dass das derzeitige Rentensystem auf dem Prüfstand steht. Darüber hinaus wird die Grundrente sicherlich nur das Existenzminimum sichern. Wer also im Alter gut versorgt sein will, muss entsprechend privat vorsorgen.

Darüber hinaus wird es unerlässlich sein, das Renteneintrittsalter anzuheben. Die Zahlen einer Studie der Deutschen Bundesbank[5] sind alarmierend. Die Rentensituation wird sich in den kommenden Jahren drastisch verändern, eine Folge des demografischen Wandels. Allein zwischen 1947 und 1972 wurden in Deutschland jedes Jahr über eine Million Menschen geboren. Zwar verändert sich die Geburtenrate immer wieder und ist in Deutschland selbst nicht so hoch, doch weltweit steigt die Bevölkerungsrate.

Viel gravierender für das deutsche Rentensystem ist jedoch die Überalterung der Gesellschaft. Da die Zahl der Personen, die über 65 Jahre alt sind, ebenfalls stetig steigt, sinkt der prozentuale Anteil der arbeitenden Bevölkerung. Tabelle 3 zeigt die Altersstruktur am Jahresende 2018.

Tabelle 3: Altersstruktur in der Bundesrepublik Deutschland[6]

Altersstruktur in Prozent der Bundesrepublik Deutschland zum 31.12.2018	
0-14 Jahre	12,8 Prozent
15-24 Jahre	10,2 Prozent
25-54 Jahre	41 Prozent
55-64 Jahre	14,2 Prozent
über 65 Jahre	21,8 Prozent

2017 betrug der Anteil der über 65-Jährigen in der Bundesrepublik Deutschland 21,4 Prozent, wie das Statistische Bundesamt mitteilt. Das bedeutet eine Steigerung des Anteils der über 65-Jährigen innerhalb von 20 Jahren um 36,6 Prozent.

Der Anteil der jüngeren und damit arbeitenden Generation nimmt im Vergleich dazu stetig ab. Das macht es nochmals deutlich. Immer weniger Arbeitnehmer zahlen, prozentual gesehen, für immer mehr Rentenbezieher in die Deutsche Rentenversicherung ein.

Das bedeutet, der Generationenvertrag als Umlageverfahren, auf dem das deutsche Rentensystem basiert, funktioniert nicht mehr wie ursprünglich geplant. Die notwendige Veränderung des Rentensystems versucht die Politik mit einer Grundrente in Gang zu setzen. Das dramatische Ausmaß der Veränderungen der Rentendemografie wird jedoch derzeit nicht ausreichend publiziert. Denn nur, wenn Sie wissen, dass dramatische Veränderungen des Rentensystems drohen, können Sie durch entsprechende Maßnahmen, also durch entsprechende private Vorsorge, reagieren.

Die Deutsche Bundesbank hat der Bundesregierung aufgrund ihrer Erhebungen sogar vor einiger Zeit erhebliche Vorwürfe gemacht: die Regierung plane viel zu kurzfristig und nehme den Ernst der Lage nicht wahr. So dramatisch ist das Ganze schon. Die Bundesbank hat aufgrund ihrer Statistiken auch das nötige Zahlenmaterial, um die Lage realistisch einzuschätzen. Darum müssen wir das sehr ernst nehmen. Das tun wir mit diesem Buch!

Bislang gilt noch eine Haltelinie für den Rentenbeitrag, den die Arbeitnehmer in die Rentenkasse einzahlen. Sie liegt bei maximal 20 Prozent. Der tatsächliche Rentenbeitrag beträgt einschließlich Arbeitgeberanteil derzeit 18,6 Prozent. Er soll aufgrund der Haltelinie auch in Zukunft nicht mehr als 20 Prozent betragen.

Das Rentenniveau der später ausgezahlten Rente liegt derzeit noch bei mindestens 48 Prozent. Aktuell sind die Rentenkassen durchaus noch gut gefüllt. Die Erhebungen der deutschen Bundesbank zeigen, dass sich das in Zukunft jedoch drastisch ändern wird.

Das Renteneintrittsalter steigt bis 2030 auf 67 Jahre. Allerdings sind die Vertreter der Bundesbank der Ansicht, dass das nicht ausreichend sei. Entsprechend wird eine weitere Anhebung des Renteneintrittsalters auf 69 oder gar 70 Jahre gefordert. Die Bundesbank hat eine erforderliche Anhebung auf 69,3 Jahre berechnet.[7]

Trotzdem müsste dann zusätzlich noch das Rentenniveau auf nur noch 40 Prozent des Einkommens sinken und die Beiträge müssten langfristig auf mindestens 26 Prozent angehoben werden. Die Haltelinie von 20 Prozent wird dann nicht mehr gelten können, um das Umlageverfahren weiterhin finanzieren zu können. Damit wird die Dramatik nochmals deutlich. Wie bereits gesagt, die Deutsche Bundesbank hat aufgrund ihrer statistischen Auswertungen auch das Zahlenmaterial dazu, das folgerichtig zu beurteilen.

Woran diese Entwicklungen liegen, lässt sich ganz einfach an den Zahlen zum demografischen Wandel festmachen. Denn aufgrund des Umlageverfahrens, des sogenannten Generationenvertrags, auf dem unser Rentensystems in Deutschland basiert, zahlen dann immer weniger Arbeitnehmer in die Rentenversicherung ein, während immer mehr Rentner eine Rente bekommen. Die Konsequenz der Überalterung der Gesellschaft in Deutschland. Betrachten Sie zum Vergleich die beiden folgenden Abbildungen, die das Ausmaß des demografischen Wandels illustrieren.

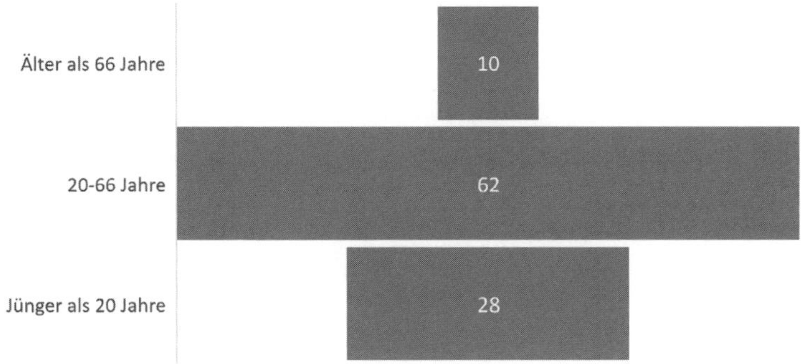

Abbildung 1: Altersstruktur Deutschland 1960[8]

1960 war die Welt noch Ordnung, wie Abbildung 1 zeigt. Viele Arbeitnehmer zahlten nur für wenige Rentner. Ganz anders die Situation im Jahr 2018, die in Abbildung 2 dargestellt ist.

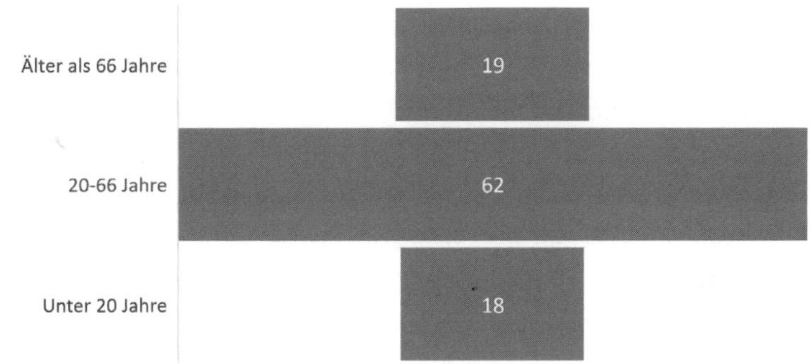

Abbildung 2: Altersstruktur in Deutschland 2018[9]

Die Zahlen aus 2018 zeigen deutlich: Der Anteil der unter 20-Jährigen ist gesunken und der Anteil der über 66-Jährigen ist gestiegen. Der Mittelbalken ist noch unverändert, wird aber in Zukunft aber kleiner sein, wie Abbildung 3 zeigt.

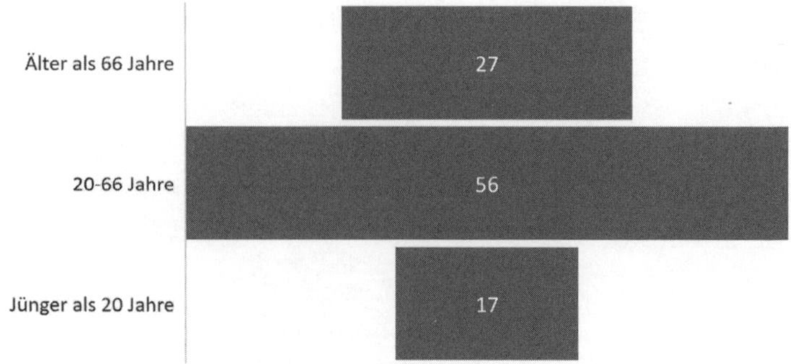

Abbildung 3: Altersstrukturprognose 2050 für Deutschland[10]

Diese letzte Grafik zeigt eine Entwicklung, bei der der Arbeitnehmeranteil an der Bevölkerung weiter abnehmen und der Rentneranteil weiter zunehmen wird. Der obere Balken wird länger, der mittlere kürzer. Daraus zieht die Deutsche Bundesbank den Schluss, dass der Generationenvertrag in der bestehenden Form als Umlageverfahren in Zukunft nicht mehr funktionieren wird.

Es gibt noch etwas, was viele nicht wissen: In Zukunft wird der Staat die Rentenkasse weitaus mehr mit Steuergeldern unterstützen müssen als bislang, Nur so kann das generationenbasierte Rentenmodell weiter funktionieren. Nicht zuletzt deshalb gibt es Pläne zu einer weiteren Erhöhung des Renteneintrittsalters. Wir leben immer länger, das heißt, die Rentenbezugsdauer, also der Zeitraum, in dem wir Rente bekommen vom Rentenbeginn bis zum Tod, steigt stetig an.

Da wird deutlich, dass unsere Vorfreude auf die Rente geschmälert wird. Wer gerne arbeitet, für den ist das nicht so schlimm, aber die Freiheit zu entscheiden, wann wir in Rente gehen wollen, ist damit eingeschränkt.

Diese Konsequenz leitet die Deutsche Bundesbank auch daraus ab, dass für einen gewissen Zeitraum zwar mehr als eine Millionen Menschen pro Jahr geboren wurden, dass die Geburtenzahl jedoch seit den 70er-Jahren insgesamt rückläufig sei. Dass bedeutet wiederum: Auf die geburtenstarken Jahrgänge, die demnächst in Rente gehen, folgen die geburtenschwachen

Jahrgänge, die als Arbeitnehmer in die Rentenkasse einzahlen und die Renten der geburtenstarken Jahrgänge finanzieren.

Gemäß diesen Zahlen wird die gesetzliche Rente möglicherweise in Zukunft auch im Hinblick auf die Inflationsrate nicht mehr ausreichen. Private Vorsorge ist auch für denjenigen zwingend notwendig, der nicht früher, sondern genau dann in den Ruhestand gehen will, wenn er die Regelaltersgrenze in erreicht hat.

Wer jetzt also auch in Zukunft nicht später, sondern eher früher in Rente gehen will, muss ebenfalls vorsorgen. Das soll auch in Zukunft mit mehr Geld möglich sein. Das heißt: Um vorzusorgen, besteht gleich doppelt Anlass. In diesem Buch zeigen wir, wie das trotz niedriger Zinsen geht. Aber zuerst einmal sehen wir uns unser Rentensystem noch einmal genauer an.

Fazit

- Die Gesellschaft wird immer älter und die Rentenbezugsdauer immer länger.
- Die generationenbasierte gesetzliche Rente stößt an ihre Grenzen.
- Die Renteneintrittsgrenze wird steigen.
- Jeder wird privat vorsorgen müssen, auch derjenige, der nicht früher in Rente gehen will.

5. GESETZLICHE RENTE

Wie genau funktioniert das gesetzliche Rentensystem? Wie genau errechnet sich die Rentenhöhe? Und wie wird sie sich mutmaßlich weiterentwickeln? In diesem Kapitel erfahren Sie die Grundlagen und Hintergründe.

5.1 DAS UMLAGEVERFAHREN DER DEUTSCHEN RENTENVERSICHERUNG

Als Erstes müssen wir uns einmal die gesetzliche Rentenversicherung und deren Systematik genauer ansehen. Sie ist der Grundstein unserer Altersversorgung und die größte Einrichtung dieser Art in Deutschland. Die Deutsche Rentenversicherung ist zuständig für die Altersversorgung aller Angestellten. Auch betragsmäßig macht sie neben den Pensionen für Beamte und Richter den größten Anteil der Ruhestandsbezüge in Deutschland aus. Politiker, wie zum Beispiel Norbert Blüm, haben in der Vergangenheit immer wieder betont, die Renten seien sicher und würden es auch in Zukunft sein. Auch wenn viele Rentner mit ihrer Rente nicht zufrieden sind, sind die Rentenzahlungen derzeit auf einem vergleichsweise hohen Niveau. Ob das zukünftig noch der Fall sein wird, werden wir analysieren. Zunächst einmal schauen wir uns an, was die gesetzliche Rentenversicherung ist und wie sie funktioniert.

Die gesetzliche Rentenversicherung basiert auf dem Umlageverfahren, das auch als Generationenvertrag bezeichnet wird. Das heißt, die laufenden Renten werden aus den Einzahlungen der Arbeitnehmer bestritten und nicht etwa aus den Eigenbeiträgen der Ruheständler, die früher eingezahlt haben, als sie noch Arbeitnehmer waren. Keinesfalls werden die laufenden Einzahlungen also für den jeweiligen Arbeitnehmer verzinslich angelegt. Vielmehr sorgt die nachfolgende Arbeitnehmergeneration für die Ruhestandsbezüge der Rentner. Die laufend gezahlten Beiträge werden sofort wieder für die Auszahlung der Renten verwendet. So sorgt eine Generation für die nächste, daher der Name Generationenvertrag. Arbeitnehmer- und Arbeitgeberbeitrag zur Deutschen Rentenversicherung werden zusammen für die Zahlung aktueller Renten umgelegt. Bislang hat das immer gut geklappt.

5.2 DIE GESCHICHTE DER DEUTSCHEN RENTENVERSICHERUNG

Das „Gesetz betreffend die Invaliditäts- und Altersversicherung" von 1889 begründete in Deutschland die gesetzliche Rentenversicherung. Bereits sechs Jahre vorher wurde die gesetzliche Krankenversicherung gegründet und fünf Jahre vorher schon die Unfallversicherung.

Reichskanzler Otto von Bismarck hatte ein kleines soziales Netz aufgebaut, dass im Vergleich zu heutigen Verhältnissen eher bescheiden anmutete, jedoch innovativ und damals in Europa einzigartig war. Das war ein großer Fortschritt. Viele nahmen sich dieses System später als Vorbild.

Durch die Industrialisierung wurde im 19. Jahrhundert die arbeitende Bevölkerung ins Elend gestürzt. Darum musste ein solches soziales Netz her, um zu vermeiden, dass sich die Bevölkerung radikalisierte.[11]

Nach den damaligen Regelungen waren alle Arbeiter ab 16 Jahren rentenversichert. Damals wurde noch zwischen Arbeitern und Angestellten unterschieden. Auch kleinere Angestellte mit einem Jahresgehalt bis zu 2.000 Mark waren rentenversichert. Ja, Sie haben richtig gelesen: Das war damals ein Jahresgehalt. Der Beitragssatz zur neuen Rentenversicherung betrug zunächst rund 2 Prozent, die Beiträge zahlten wie heute Arbeitgeber und Arbeitnehmer zu gleichen Teilen. Einen staatlichen Zuschuss gab es auch damals schon. Er war vergleichsweise hoch und betrug 50 Mark im Jahr.

Jeder Arbeiter oder kleinere Angestellte konnte Altersrente beziehen, wenn er über 70 Jahre alt war und unmittelbar vor Einführung des Rentengesetzes mindestens 3 Jahre gearbeitet hatte.

Ein Arbeiter mit einem Jahresverdienst zwischen 550 und 850 Mark bekam dann 162 Mark pro Jahr aus der neuen Rentenkasse. Bei Erwerbsunfähigkeit gab es 60 Mark pro Jahr zusätzlich.[12] Zum Nachweis über geleistete Beiträge mussten die Menschen Marken bei den staatlichen Postämtern kaufen und auf Quittungskarten kleben. Die neue Rentenversicherung wurde daher auch im Volksmund „Klebekiste" genannt.

Die erste große Rentenreform gab es dann 1957, ein Meilenstein in der Geschichte der gesetzlichen Rentenversicherung. Die Rentenhöhe wurde anhand der eingezahlten Beiträge berechnet und nicht mehr nach den Beträgen der früheren Löhne. Dadurch bekamen die Rentner wesentlich mehr als früher.

Zur Finanzierung wurde das Umlageverfahren eingeführt. Die aktuellen Beitragszahler finanzierten die laufenden Renten. Damit war der Generationenvertrag geboren, das bis heute die Grundlage unseres Rentensystems bildet.

Entsprechend übernahm die einzahlende arbeitende Generation die Verantwortung für die Generation, die bereits eine Rente bekam. Dieses Modell sollte auch die Zuschüsse des Staates geringhalten.

Das Renteneintrittsalter wurde 1916 unter Kaiser Wilhelm auf 65 Jahre herabgesetzt. Erst jüngst wird es schrittweise auf 67 angehoben. Bis 2030 soll das dann umgesetzt sein. Weitere Anhebungen werden diskutiert. Die Bundesbank forderte eine Anhebung auf 69 bis 70 Jahre.[13]

Neuerungen wie das Flexirentengesetz sollten einen früheren Renteneintritt mit erweiterten Hinzuverdienst-Möglichkeiten schaffen. Allerdings sind bei einem früheren Renteneintritt nach wie vor empfindliche Abschläge hinzunehmen. Die Problematik einer Rentenlücke im Ruhestand wird zudem noch dadurch verschärft, dass Renten seit 2005 versteuert werden müssen.

5.3 GRUNDSÄTZLICHES ZUR GESETZLICHEN RENTE

Die Deutsche Rentenversicherung ist der wichtigste Träger der Alterssicherung der Erwerbsbevölkerung in Deutschland. Die gesetzliche Rente wird deshalb in der fachlichen Diskussion meistens als „erste Säule" der Alterssicherung bezeichnet. Ein Großteil der Erwerbstätigen ist in der Deutschen Rentenversicherung pflichtversichert und erhält nach festgelegten gesetzlichen Vorschriften lebenslang eine monatliche Rente. Der Versicherungsbeitrag wird für die Zahlung von Altersrenten, Erwerbsminderungsrenten, Hinterbliebenenrenten sowie von Rehabilitationsleistungen und Verwaltungskosten verwendet. Die Höhe des jeweiligen Rentenbezuges ist abhängig von der Beschäftigungs- und Lohnentwicklung in Deutschland, den Kosten der nicht beitragsdeckenden Leistungen, der Sterblichkeitsentwicklung der Bevölkerung und den Entscheidungen der politischen Funktionsträger. Die Rentenhöhe für die Zukunft sauber zu prognostizieren, ist damit ein Ding der Unmöglichkeit. Die Rechtsgrundlage für die Leistungen der Deutschen Rentenversicherung findet sich im Sechsten Sozialgesetzbuch (SGB VI). Die Systematik habe ich Ihnen oben schon einmal erläutert.

5.4 DIE RENTENHÖHE UND IHRE BERECHNUNG

Wie wird die Rente ermittelt, die ein Ruheständler bekommt, sobald er das Renteneintrittsalter erreicht hat? Sie wird immer noch danach bemessen, was und wie lange der Betreffende in die Rentenversicherung eingezahlt hat, obwohl seine Beiträge nicht angelegt und verzinst werden, sondern für die Renten der nicht mehr arbeitenden Generation verwendet werden. Für die Einzahlung gibt es je nach Höhe des Arbeitnehmer- und des Arbeitgeberbeitrags Punkte. Je länger ein gesetzlich Versicherter einzahlt, desto mehr Punkte sammelt er und desto mehr Beitragsjahre sind anrechenbar. Daneben gibt es Anrechnungszeiten für verschiedene Ausfall- oder Ausbildungszeiträume, wie zum Beispiel wegen Schule, Studium, Krankheit und auch Kindererziehung.

Wer in Rente geht, führt einen Abgleich mit der Rentenversicherung durch, eine sogenannte Kontenklärung. Dadurch lässt sich feststellen, ob der Deutschen Rentenversicherung alle Daten vollständig vorliegen und ob sie korrekt abgespeichert wurden. Diese Daten sind die Grundlage für die Bemessung der Rentenhöhe.

Wie genau dann im Einzelnen die Rentenhöhe ermittelt wird, zeigt Abschnitt 5.7 („Die Rentenformel").

5.5 RENTE MIT ERREICHEN DER REGELALTERSGRENZE: DIE ALTERSRENTE - IHRE VORAUSSETZUNGEN UND VARIANTEN

Bevor Sie eine Altersrente erhalten, müssen Sie die erforderlichen Voraussetzungen erfüllen. Sie müssen ein bestimmtes Lebensalter erreicht und die vorgesehene Mindestversicherungszeit (Wartezeit) erfüllt haben. Beim Bezug einer Altersrente vor der Regelaltersgrenze (Stichwort „Rente mit 63") müssen Sie außerdem bestimmte Hinzuverdienstgrenzen einhalten.

Die Wartezeit ist die Zeit, die Sie mindestens der gesetzlichen Rentenversicherung angehört haben müssen, um Anspruch auf eine der verschiedenen Renten zu haben. Die allgemeine Wartezeit beträgt fünf Jahre.

Es gibt verschiedene Altersrenten, wie zum Beispiel:

- die Regelaltersrente
- die Altersrente für besonders langjährig Versicherte
- die Altersrente für langjährig Versicherte
- die Altersrente für schwerbehinderte Menschen

Die **Regelaltersrente** können Sie mit nur fünf Jahren Versicherungszeit erhalten. Das ist die kürzeste aller Wartezeiten. Die Altersgrenze für diese Rente wird zurzeit schrittweise von 65 auf 67 Jahre angehoben. Ab 2030 gilt einheitlich eine Regelaltersgrenze von 67 Jahren, wenn nicht der Gesetzgeber bis dahin eine weitere Anhebung beschlossen hat, wie es zum Beispiel die Deutsche Bundesbank fordert.

Wer ununterbrochen gearbeitet hat und 45 Jahre Versicherungszeiten nachweisen kann, der bekommt die sogenannte Altersrente für besonders langjährig Versicherte, die unter der Bezeichnung „Rente mit 63" bekannt wurde. Dieses ist eine Rente, die vor dem Regelrenteneintritt ohne Abschläge gewährt werden kann. Diese Bezeichnung ist allerdings irreführend. Denn nur vor 1953 Geborene konnten diese Rente schon ab 63 Jahren erhalten. Für Jüngere wird die Altersgrenze schrittweise auf 65 Jahre angehoben. Die Anhebungen entsprechen dabei den Intervallen, die auch bei Anhebung der Regelaltersgrenze von 65 auf 67 Jahre gelten.

Eine etwas geringere Versicherungszeit setzt die Altersrente für langjährig Versicherte voraus. Bereits mit 63 Jahren und 35 Jahren Versicherungszeiten können Sie eine solche Altersrente erhalten. Sie müssen dann allerdings Abschläge in Kauf nehmen.

Zu beachten

Die Abschläge für einen vorzeitigen Antritt der Altersrente belaufen sich auf 0,3 Prozent der Rente für jeden Monat, den Sie früher in Rente gehen. Der Abschlag beträgt insgesamt höchstens 14,4 Prozent. Er gilt für die gesamte Laufzeit der Rente, also bis zum Ableben.

Die normale Regelaltersrente bekommt ein Berechtigter, wenn er sozialversicherungspflichtig gearbeitet oder Kinder erzogen hat. Voraussetzung ist allerdings, dass mindestens fünf Jahre Versicherungszeit nachgewiesen werden. Anspruch besteht, sobald die Regelaltersgrenze erreicht ist. Deren genaue Höhe hängt vom Geburtsjahrgang ab. Für vor 1947 Geborene lag sie bei 65. Für die Jahre 1947 bis 1963 wird sie stufenweise angehoben (siehe Tabelle 4). Wer 1964 oder später geboren wurde, kann erst mit 67 Jahren eine ungekürzte Regelaltersrente erhalten.

Tabelle 4: Regelaltersgrenze in Abhängigkeit vom Geburtsjahr

Geburtsjahr	Anhebung um ... Monate	Renteneintrittsalter
1946 und früher		
1947	1	65 und 1 Monate
1948	2	65 und 2 Monate
1949	3	65 und 3 Monate
1950	4	65 und 4 Monate
1951	5	65 und 5 Monate
1952	6	65 und 6 Monate
1953	7	65 und 7 Monate
1954	8	65 und 8 Monate
1955	9	65 und 9 Monate
1956	10	65 und 10 Monate
1957	11	65 und 11 Monate
1958	12	66
1959	14	66 und 2 Monate
1960	16	66 und 4 Monate
1961	18	66 und 6 Monate
1962	20	66 und 8 Monate
1963	22	66 und 10 Monate
1964 und später	24	67

Wer vor dem 1. Januar 1955 geboren wurde und vor dem 1. Januar 2007 mit seinem Arbeitgeber Altersteilzeitarbeit nach dem Altersteilzeitgesetz vereinbart hat, kann aus Gründen des Vertrauensschutzes weiterhin mit 65 Jahren in die Regelaltersrente gehen. Das Gleiche gilt, wenn ein Rentenberechtigter vor dem 1. Januar 1964 geboren wurde und Anpassungsgeld für entlassene Arbeitnehmer des Bergbaus bezogen hat.

Als Beitragszeiten zur Bemessung der Regelaltersrente werden auch folgende Zeiten berücksichtigt:

- die Zeiten aus einem Versorgungsausgleich (etwa nach Ehescheidung)
- die Zeiten aus einem Rentensplitting unter Ehegatten oder eingetragenen Lebenspartnern
- die Zeiten aus versicherungspflichtigen Minijobs

Beitragszeiten sind Zeiten, für die Rentenversicherungsbeiträge gezahlt wurden oder als gezahlt gelten. Das können Pflichtbeiträge oder freiwillige Beiträge sein. Anders als bei anderen Altersrenten sind Hinzuverdienste bei der Regelaltersrente problemlos möglich. Sie werden nicht auf die Rente angerechnet und schmälern sie somit auch nicht.

Wer seine Rente erst nach Erreichen der Regelaltersgrenze beantragt, erhöht seinen Rentenanspruch ohne weitere Beitragszahlungen, da sich aufgrund des fortgeschrittenen Alters die Rentenbezugsdauer insgesamt verkürzt. Der Zuschlag beträgt 0,5 Prozent für jeden Kalendermonat, um den sich der Rentenantritt nach hinten verschiebt. Nach einem Jahr sind das bereits 6 Prozent auf die Rente. In der Praxis kommt das jedoch selten vor. Viele haben einfach den Wunsch, nicht später, sondern früher in Rente zu gehen. Viele Arbeitsverträge enden auch automatisch mit der Regelaltersgrenze. Das kann sich jedoch angesichts des sich abzeichnenden Fachkräftemangels auch wieder ändern.

Wer trotz Regelaltersrente weiterarbeitet und volle Rentenbeiträge zahlt, erhöht seine Altersrente einmal im Jahr. Mehr dazu erfahren Sie im Kapitel 8, wo es um die Flexirente geht.

5.6 ALTERSRENTE FÜR BESONDERS LANGJÄHRIG VERSICHERTE

Die Altersrente für besonders langjährig Versicherte gibt es für Versicherte, die mindestens 63 Jahre alt sind und 45 Jahre Versicherungszeit nachweisen können. Bei diesen Versicherungszeiten werden folgende Zeiten berücksichtigt:

- Pflichtbeiträge für eine versicherte Beschäftigung oder Tätigkeit, Zeiten mit Minijobs
- Pflichtbeiträge für Kindererziehung, nicht erwerbsmäßige Pflege, für Wehr- und Zivildienstpflicht
- Berücksichtigungszeiten für die Erziehung eines Kindes bis zu seinem 10. Geburtstag oder für die nicht erwerbsmäßige Pflege von Januar 1992 bis März 1995
- Zeiten des Bezugs von Übergangsgeld, Leistungen bei Krankheit (vor allem Kranken- oder Verletztengeld) oder Entgeltersatzleistungen der Arbeitsförderung (zum Beispiel Arbeitslosengeld), die gleichzeitig Pflichtbeitrags- oder Anrechnungszeiten sind. Sollten Sie die Leistungen der Arbeitsförderung jedoch in den letzten beiden Jahren vor Rentenbeginn bekommen haben, werden diese Zeiten nur berücksichtigt, wenn die Leistung durch eine Insolvenz oder vollständige Geschäftsaufgabe des Arbeitgebers bedingt war.

Ersatzzeiten sind freiwillige Beiträge, die möglich sind, wenn insgesamt 18 Jahre lang Pflichtbeiträge gezahlt wurden; das gilt jedoch nicht, wenn die freiwilligen Beiträge in den letzten beiden Jahren vor Rentenbeginn gezahlt wurden und gleichzeitig eine Anrechnungszeit wegen Arbeitslosigkeit vorliegt.

Nicht zu den erforderlichen 45 Jahren zählen:

- Zeiten des Bezugs von Arbeitslosenhilfe oder Arbeitslosengeld II
- Zeiten aus einem Versorgungsausgleich sowie aus einem Rentensplitting unter Ehegatten oder eingetragenen Lebenspartnern
- Anrechnungszeiten ohne Bezug von Entgeltersatzleistungen (zum Beispiel während der Ausbildungssuche oder eines Schul-, Fachschul- oder Hochschulbesuchs)

Ein Versorgungsausgleich findet nicht nur bei Scheidung statt, sondern auch dann, wenn eine eingetragene Lebenspartnerschaft aufgehoben wird.

Wer vor 1953 geboren wurde, konnte die Altersrente für besonders langjährig Versicherte abschlagsfrei ab 63 erhalten. Für von 1953 bis 1963 geborene Versicherte wird die Altersgrenze schrittweise, wie in Tabelle 5 gezeigt, angehoben. Vom Geburtsjahrgang 1964 an liegt die Altersgrenze dann wieder bei 65 Jahren.

Tabelle 5: Renteneintrittsalter bei besonders langjährig Versicherten

Geburtsjahr	Anhebung der Altersgrenze um ... Monate	Renteneintrittsalter
1955	6	63 und 6 Monate
1956	8	63 und 8 Monate
1957	10	63 und 10 Monate
1958	12	64
1959	14	64 und 2 Monate
1960	16	64 und 4 Monate
1961	18	64 und 6 Monate
1962	20	64 und 8 Monate
1963	22	64 und 10 Monate
ab 1964	24	65

Eine Möglichkeit, die Altersrente für besonders langjährig Versicherte vor dem in der Tabelle genannten Renteneintrittsalter in Anspruch zu nehmen, gibt es nicht.

Die Höhe der Rente bestimmt sich also nach den Beitragszeiten. Das heißt, was ein Versicherter vor dem Ruhestand gemacht hat, ob dieses zu Anrechnungszeiten führt oder ob er als angestellter Arbeitnehmer Rentenbeiträge gezahlt hat, beeinflusst später maßgeblich seine Rentenhöhe.

Tipp
Der Lebenslauf ist damit entscheidend. Vergessen Sie das nicht, wenn Sie einmal berufliche Entscheidungen treffen müssen, etwa auch in der Frage, ob Sie sich selbstständig machen. Solche Entscheidungen zu Ihrem Erwerbsleben beeinflussen die Rentenhöhe.

Damit Versicherte sich darauf einstellen können, was sie später einmal als Rente bekommen, verschickt die Deutsche Rentenversicherung an alle Einzahlenden regelmäßig die sogenannte Renteninformation, in denen die voraussichtliche Höhe der Rente beim Regelrenteneintrittsalter angegeben ist. Die Zahlen haben reinen Prognosecharakter. Sie gelten nur, solange sich das grundsätzliche System nicht ändert. Stellen Sie sich aber darauf ein, dass das Regelrenteneintrittsalter auch nach 2030 weiter steigen kann. Von der Rente, die Sie dann erhalten, wird aber auch noch Einkommensteuer abgezogen, wenn Sie mit Ihren Ruhestandsbezügen den jeweiligen Grundfreibetrag überschreiten.

5.7 DIE RENTENFORMEL

Auf welche Höhe sich die Rente beläuft, das richtet sich nach der Rentenformel. Es handelt sich um eine Multiplikation verschiedener Werte.

So sieht die Rentenformel aus:
Monatliche Rente = Rentenentgeltpunkte x Zugangsfaktor x Rentenfaktor x aktueller Rentenwert

Die **Rentenentgeltpunkte** sind dabei der wichtigste Wert. Jedes Jahr wird der eigene Verdienst mit dem Durchschnittsverdienst aller Versicherten verglichen. Entspricht das Einkommen im Jahr exakt dem Durchschnittsverdienst in diesem Jahr, bekommt der Betreffende für das jeweilige Jahr genau einen Entgeltpunkt gutgeschrieben. Ist es weniger, wird dem betreffenden Versicherten anteilig weniger als ein Entgeltpunkt gutgeschrieben, ist es mehr, wird dem betreffenden Versicherten anteilig mehr gutgeschrieben (es gibt aber eine Höchstgrenze). Dieser Durchschnittsverdienst wird übrigens jedes Jahr angepasst, er nennt sich „Bezugsgröße". Daneben werden auch Zeiten berücksichtigt, in denen eine versicherte Person Kinder erzogen oder Angehörige gepflegt hat. In diesen Zeiten wird ein Verdienst in Höhe des Durchschnittsverdienstes unterstellt, was wiederum pro Jahr einen Entgeltpunkt bringt.

Mit dem **Zugangsfaktor** werden Zu- und Abschläge berücksichtigt, die zum Tragen kommen, wenn ein Versicherter zum Beispiel vorzeitig in Rente geht oder den Rentenantritt nach hinten verschiebt.

Der aktuelle Rentenwert ist die monatliche Zahlung, die jährlich neu als Gegenwert einem Entgeltpunkt entspricht. Den Rentenwert finden Sie unter anderem auf der Homepage der Deutschen Rentenversicherung (www.deutsche-rentenversicherung.de).

Weiterhin berücksichtigt der Rentenfaktor die Art der Rente. Es gibt dabei folgende Faktoren:

- Für Altersrenten, Renten wegen voller Erwerbsminderung und Erziehungsrenten gilt der Faktor 1,0.
- Für Renten wegen teilweiser Erwerbsminderung gilt der Faktor 0,5.
- Für Vollwaisenrenten gilt der Faktor 0,2.
- Für Halbwaisenrenten gilt der Faktor 0,1.
- Für Witwenrenten gilt der Faktor 0,55 oder 0,6.

Zudem gibt es den Zugangsfaktor, der Abschläge bei einen vorzeitigen Renteneintritt berücksichtigt. Dessen Höhe können Sie Tabelle 6 entnehmen.

Tabelle 6: Der Zugangsfaktor bei vorzeitigem Rentenantritt

Zugangsfaktor
1,00 (Regelaltersgrenze)
0,98 (6 Monate früher)
0,96 (12 Monate früher)
0,95 (18 Monate früher)
0,93 (24 Monate früher)
0,91 (30 Monate früher)
0,89 (36 Monate früher)
0,87 (42 Monate früher)
0,86 (48 Monate früher)

Besonderheiten gibt es noch für die neuen Bundesländer. Damit die vergleichsweise niedrigen Arbeitsentgelte in der DDR und der immer noch bestehende Unterschied im Lohnniveau keine Nachteile für die Rentenberechnung bedeuten, werden die Entgelte auf Westniveau angehoben. Ein spezieller Umrechnungsfaktor erhöht sie entsprechend. Der Umrechnungsfaktor entspricht dem Verhältnis West-Durchschnittsentgelt zu Ost-Durchschnittsentgelt und wird jedes Jahr aufs Neue festgelegt.

Damit lässt sich im Ergebnis festhalten: Ein durchschnittliches Arbeitseinkommen bringt einen Rentenpunkt. Weicht das Entgelt nach unten oder oben ab, gibt es anteilig entsprechend weniger oder mehr (wobei es eine Obergrenze gibt). Für bestimmte beitragsfreie Zeiten werden Entgeltpunkte angerechnet, deren Höhe vom Durchschnittseinkommen aller gesetzlich Versicherten abhängig ist.

Der Zugangsfaktor bildet den Wert für den Rentenbeginn ab. Geht ein Versicherter früher oder später in Rente, wird dieser Umstand durch den Zugangsfaktor berücksichtigt. Der Zugangsfaktor beträgt 1,0, wenn eine Altersrente mit dem regulären Renteneintrittsalter anfängt. Bei früherem Beginn einer Altersrente ist er kleiner als 1,0 und bei späterem Rentenbeginn ist er größer als 1,0.

Durch den Rentenartfaktor wird die Art der Rente berücksichtigt. Bei der Regelaltersrente beträgt der Faktor 1,0, bei anderen Rentenarten wie etwa einer Witwen- oder Erwerbsminderungsrente liegt er unter 1,0.

Multipliziert wird das Ganze dann mit dem aktuellen Rentenwert. Der aktuelle Rentenwert wird zum 1. Juli eines jeden Jahres in Abhängigkeit von der Entwicklung der Bruttolöhne und -gehälter, vom Beitragssatz zur allgemeinen Rentenversicherung und von demografischen Entwicklungen bestimmt.

Da der aktuelle Wert jeweils jedes Jahr zum 1. Juli angepasst wird, gibt es pro Kalenderjahr zwei Werte für die Durchschnittsrente: den für das erste Halbjahr und den für das zweite Halbjahr. Die Durchschnittsrente bildet den Rentenbezug nach 45 Beitragsjahren ab. Die beiden Werte werden addiert und durch zwei geteilt, das ergibt den Durchschnitt für das jeweilige gesamte Kalenderjahr.

Beispiel: So wird eine Altersrente errechnet

Der Rentenwert je gesammeltem Entgeltpunkt beträgt ab 1. Juli 2019 für die neuen Bundesländer 31,88 Euro und für die alten Bundesländer 33,05 Euro. Angenommen, ein Arbeitnehmer aus Köln hat 43 Jahre lang genau das Durchschnittseinkommen erzielt und auf seinem Rentenkonto somit 43 Entgeltpunkte gutgeschrieben bekommen. Seine monatliche Bruttorente berechnet sich wie folgt:

43 (Entgeltpunkte) x 33,05 Euro (Rentenwert) = 1.420,72 Euro (monatliche Bruttorente)

Von dieser Rente werden dann noch Steuern und Sozialabgaben abgezogen.

Die Regelaltersgrenze für die Altersrente liegt bei 67 Jahren und gilt für alle Geburtsjahrgänge ab 1964. Wer also als Arbeitnehmer mit 67 Jahren in Rente geht und eine Mindestversicherungszeit von 35 Jahren nachweisen kann, geht abzugsfrei in Rente. Arbeitnehmer, die vor 1947 geboren wurden, können ohne Abzüge früher in Rente gehen. Wie die persönliche Regelaltersgrenze ausfällt, ist vom eigenen Geburtsjahr abhängig, wie Sie in Tabelle 4 gesehen haben.

Nach Angaben des Statistischen Bundesamts geht fast jeder vierte Deutsche frühzeitig in Rente. Allein im Jahr 2014 traten rund 197.000 Menschen trotz Abschlägen ihren vorzeitigen Ruhestand an. Dabei nahmen die betreffenden Personen durchschnittlich 23,47 Abschlagsmonate in Kauf und gingen damit knapp zwei Jahre vor Erreichen der Regelaltersgrenze in den Ruhestand.

Andererseits erhöht sich die Regelaltersrente um einen Zuschlag, wenn sie zunächst nicht in Anspruch genommen wird, obwohl die Anspruchsvoraussetzungen vorliegen. Dieser Zuschlag beträgt pro Monat des hinausgeschobenen Rentenbeginns 0,5 Prozent der Rente (6 Prozent pro Jahr).

Beispiel: Zuschlag bei verspätetem Rentenantritt
Eigentlich sollte die Altersrente bei einem Versicherten 1.000 Euro (brutto) betragen, wenn er sie gleich ab Erreichen der Regelaltersgrenze in Anspruch nehmen würde. Der Betreffende tritt seinen Ruhestand aber erst ein Jahr danach an. Seine Rente erhöht sich damit um 6 Prozent, weil er die ihm eigentlich schon zustehenden Rentenzahlungen für zwölf Monate nicht in Anspruch genommen hat. Die Rentenhöhe beträgt daher ein Leben lang 1.060 Euro (1.000 + 6 Prozent).

Allerdings stehen dem Zuschlag von monatlich 60 Euro jedoch 12 x 1.000 Euro = 12.000 Euro für 1 Jahr nicht bezogene Altersrente gegenüber. Damit sich das rentiert, wären 200 Monate an Rentenbezug erforderlich, also fast 17 Jahre. Den Rentenantritt um ein Jahr nach hinten zu schieben, lohnt sich einschließlich voraussichtlicher Rentenanpassungen erst ab dem 80 bis 81. Lebensjahr. Es ist also oft kein wirklich gutes Geschäft – es sei denn, Sie leben gesund und können sich auch aufgrund Ihrer genetischen Disposition berechtigte Hoffnungen auf ein langes Leben machen.

Die Erhöhung des Zugangsfaktors erfolgt auch, wenn nach der Regelaltersgrenze nur eine Teilrente in Anspruch genommen wird. Der Zugangsfaktor bezieht sich dann nur auf den nicht in Anspruch genommenen Anteil der Gesamtrente.

Beispiel: Zuschlag bei Teilrente
Eigentlich sollte die Altersrente bei einem Versicherten 1.000 Euro (brutto) betragen, wenn er sie gleich ab Erreichen der Regelaltersgrenze in Anspruch nehmen würde. Der Betreffende nimmt jedoch nach dem Erreichen der Regelaltersgrenze nur 50 Prozent seiner Rente als Teilrente in Anspruch. Nach zwölf Kalendermonaten lässt er sich dann die vollen 100 Prozent als Rente auszahlen. So sieht das Ergebnis aus (Rentenanpassungen sind hier nicht berücksichtigt):
Die Rentenhöhe zum Rentenbeginn beläuft sich auf 500 Euro (50 Prozent). Die Rentenhöhe zwölf Monate später beträgt 1.030 Euro (500 Euro + 530 Euro, die zunächst nicht in Anspruch genommenen 500 Euro wurden um 6 Prozent erhöht).

Wir wollen uns nun wieder einmal ein paar Zahlen ansehen, um zu schauen, wie hoch die Durchschnittsrente der letzten Jahre in der Bundesrepublik Deutschland gewesen ist. Betrachten Sie dazu Tabelle 7. Bei den Zahlen nach 2020 handelt es sich um Hochrechnungen der Rentenentwicklung anhand der aktuellen Daten.

Tabelle 7: Durchschnittsrente 2005 bis 2050 bei 45 Beitragsjahren[14]

Jahr	West nominal (in Euro)	West real (in Euro)	Ost nominal (in Euro)	Ost real (in Euro)
2005	1.176	1.176	1.034	1.034
2010	1.176	1.091	1.034	969
2015	1.315	1.133	1.141	984

Jahr	West nominal (in Euro)	West real (in Euro)	Ost nominal (in Euro)	Ost real (in Euro)
2020	1.427	1.142	1.198	958
2025	1.535	1.140	1.249	928
2030	1.621	1.117	1.374	947
2035	1.723	1.102	1.587	1.015
2040	1.887	1.121	1.887	1.121
2050	2.286	1.170	2.286	1.170

Bei den Werten in der Tabelle handelt es sich um Hochrechnungen für die Zukunft. Ob diese Werte tatsächlich erzielt werden können, hängt maßgeblich von der demografischen Entwicklung der Bevölkerungs- und Arbeitnehmerstruktur ab, also der Struktur der Beitragszahler.

Neben den absoluten Zahlen ist auch die Höhe des Rentenniveaus von Interesse, also die Frage, wie sich die Rente im Verhältnis zum Verdienst entwickelt hat. Zu sehen ist dies in Tabelle 8.

Tabelle 8: Entwicklung des Rentenniveaus 2000 bis 2016[15]

Jahr	Durchschnittlicher Verdienst	Altersrente	Rentenniveau in %
2000	23.341	12.356	52,9
2001	23.785	12.512	52,6
2002	24.083	12.746	52,9
2003	24.244	12.925	53,3
2004	23.341	12.891	53,0
2005	24.389	12.821	52,6
2006	24.501	12.796	52,2
2007	24.907	12.781	51,3
2008	25.425	12.840	50,5
2009	25.101	13.055	52,0

Jahr	Durchschnittlicher Verdienst	Altersrente	Rentenniveau in %
2010	25.632	13.232	51,6
2011	26.441	13.253	50,1
2012	27.249	13.465	49,4
2013	27.847	13.612	48,9
2014	28.553	13.743	48,1
2015	29.253	13.955	47,7
2016	29.880	14.367	48,1

Wie wird sich das Rentenniveau voraussichtlich in Zukunft entwickeln? Im Rentenversicherungsbericht 2019 ging die Bundesregierung davon aus, dass sich das Rentenniveau entwickelt, wie in Tabelle 9 dargestellt.

Tabelle 9: Voraussichtliche Entwicklung des Rentenniveaus bis zum Jahr 2030[16]

Jahr	Rentenniveau (in Prozent, netto vor Steuern)
2017	48,3
2018	48,1
2019	48,2
2020	48,1
2021	48,0
2022	48,0
2023	48,0
2024	48,0
2025	48,1
2026	47,2
2027	46,9
2028	46,5
2029	46,0
2030	45,6

Die Renten werden in Zukunft also nicht so stark steigen wie die Einkommen. Die Bruttorenten werden allerdings auch nicht sinken. Das ist gesetzlich derzeit noch ausgeschlossen. Aber im Hinblick auf die künftige Preisentwicklungen kann der geringere Anstieg der Renten bedeuten, dass trotz höherer Rente weniger Kaufkraft erzielt wird.

Beispiel: Auswirkung der Inflation auf die Kaufkraft
Eine Rentnerin bekommt eine Rente von 1.000 Euro, die um 2 Prozent erhöht wird. Damit bekommt sie zukünftig 1.020 Euro Rente im Monat. Beträgt die Inflation jedoch gleichzeitig 3 Prozent, hat die Rentnerin mit ihren 1.020 Euro weniger Kaufkraft als noch zu den Zeiten, als sie 1.000 Euro bekam. Sie hat genau einen Prozentpunkt weniger Kaufkraft. Das heißt, sie kann trotz der höheren Rente weniger einkaufen.

Es stellt sich zudem die Frage, warum das Rentenniveau sinkt. Die Antwort ergibt sich aus dem System selbst. Der Generationenvertrag führt dazu, dass die Renten im Umlageverfahren finanziert werden. Das heißt, die laufenden Ausgaben werden zum größten Teil aus den laufenden Rentenbeiträgen der einzahlenden arbeitenden Generation gezahlt. Hinzu kommt ein staatlicher Zuschuss.

In den zukünftigen Jahren wird sich die Anzahl der Rentenbezieher im Verhältnis zu der Zahl der Beitragszahler weiter erhöhen. Da dieser demografische Wandel viele Probleme mit sich bringt, hat der Gesetzgeber die Berechnung der jährlichen Rentenanpassung geändert, sodass die Rentenanpassung bei steigender Zahl der Rentner geringer ausfällt. Im schlimmsten Fall bleibt Rentenanpassung komplett aus und die Rente erhöht sich nicht mehr. Viele haben bislang schon beklagt, dass die Rentenerhöhung schon bisher oftmals zu gering ausgefallen ist und sich der höhere Betrag bei vielen Rentnern gar nicht bemerkbar macht. Das ist gerade dann der Fall, wenn durch die Rentenerhöhung erstmalig eine Steuerpflicht der Rentner eintritt.[17]

Warum diese Entwicklung stattfindet, zeigt auch die Grafik der demografischen Entwicklung, abgeleitet aus den Zahlen des Bundesinstituts für Bevölkerungsstatistik, die Sie in der folgenden Abbildung sehen.

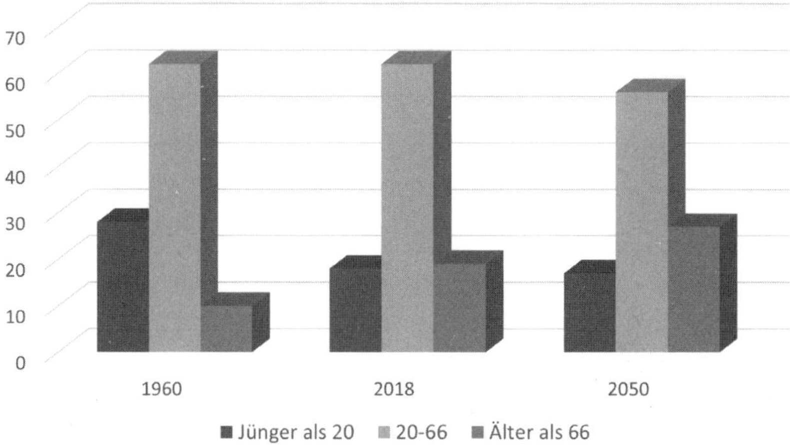

Abbildung 4: Bevölkerungsstruktur in den Jahren 1960, 2018 und 2050[18]

Daraus ist ersichtlich, dass es immer mehr Rentnerinnen und Rentner geben wird, aber weniger beziehungsweise eine stagnierende Anzahl an Arbeitnehmerinnen und Arbeitnehmern.

Fazit

- Der demografische Wandel führt zu geringeren oder gar keinen Rentenanhebungen.
- Das Rentenniveau wird zukünftig immer stärker sinken.
- Private Vorsorge wird auch für reguläre Altersrentner unerlässlich.

6. ABSCHLÄGE BEI EINEM RENTENBEGINN VOR DEM REGELRENTENEINTRITTSALTER

Wollen Sie mit der gesetzlichen Rentenversicherung früher in Rente gehen, so ist das in begrenztem Rahmen möglich, führt jedoch zu erheblichen Abschlägen auf die Rente. Sie bekommen also weniger Rente als bei einem Rentenantritt zu dem Zeitpunkt, wenn Sie die Regelaltersgrenze erreicht haben. Mit welchen Abschlägen Sie rechnen müssen, zeige ich Ihnen jetzt.

6.1 ANSPRUCH AUF BEZUG DER ALTERSRENTE

Auch vor dem Erreichen der Regelaltersgrenze haben gesetzlich Versicherte einen Anspruch auf gekürzte Leistungen der Deutschen Rentenversicherung. Dies wurde oben bereits erwähnt. Zu dieser sogenannten Frühverrentung erfahren Sie hier die Regelungen im Detail.

Zunächst ist zwischen der verpflichtenden und der freiwilligen Altersrente vor dem Erreichen der Regelaltersrente zu unterscheiden.

- Die **verpflichtende Frühverrentung** trifft Versicherungsnehmer, die Arbeitslosengeld 2 oder Grundsicherung beziehungsweise Rente wegen verminderter Erwerbsfähigkeit beziehen. Sie werden mit dem Erreichen des 63. Lebensjahres frühverrentet, sofern die Altersrente die Leistungen der Grundsicherung im Alter überschreitet.
- Die **freiwillige Frühverrentung** können Versicherungsnehmer in Anspruch nehmen, sofern sie die Mindestversicherungszeit erfüllt und das

63. Lebensjahr erreicht haben. Die Mindestversicherungszeit beläuft sich auf 35 Jahre. Sie kann sowohl durch Beitragszeiten als auch durch Anrechnungs- und sonstige Berücksichtigungszeiten erreicht werden. Weiter dürfen während der Rente keine nennenswerten Alterseinkünfte erzielt werden.

6.2 BESONDERHEITEN BEI SCHWERBEHINDERTEN VERSICHERTEN

Liegt bei einem gesetzlich Rentenversicherten eine Schwerbehinderung mit einem Behinderungsgrad von mindestens 50 Prozent vor, beginnt die Altersrente, abhängig vom Geburtsjahr, zwischen 63 und 65 Jahren. Möchte der Versicherungsnehmer von einer freiwilligen Frühverrentung Gebrauch machen, kann er den Renteneintritt um weitere 36 Monate vorziehen, also frühestens zwischen dem 61. und dem 63. Lebensjahr in Rente gehen. Die Rentenabschläge liegen in diesem Fall bei maximal 10,8 Prozent.

6.3 RENTENABSCHLÄGE: DIE ZWANGSLÄUFIGE FOLGE DES FRÜHEREN RENTENBEGINNS

Soweit ein Versicherungsnehmer aufgrund der verpflichtenden oder der freiwilligen Frühverrentung die Leistungen der Deutschen Rentenversicherung in Anspruch nimmt, wird die Höhe seiner Regelaltersrente gekürzt. Die Kürzung des Leistungsanspruchs ist auch bekannt als Rentenabschlag.

Rechtsgrundlage für die Berechnung des Rentenabschlags ist § 77 SGB VI[19]. Der Rentenabschlag wird über den Zugangsfaktor bei der Rentenberechnung berücksichtigt. Nach § 77 Abs. 3 SGB VI beträgt er 0,3 Prozent für jeden Monat, um den sich der Renteneintritt gegenüber dem gesetzlichen Renteneintrittsalter nach vorne verschiebt. Daraus ergibt sich für die gesetzliche Altersrente ein Rentenabschlag von maximal 14,4 Prozent. Dies berechnet sich aus der Zeitdifferenz zwischen dem 63. und dem 67. Lebensjahr, insgesamt also 48 Monaten, multipliziert mit 0,3 Prozent.

Sofern ein Versicherungsnehmer vor dem Erreichen der Regelaltersgrenze die Rentenleistung in Anspruch nimmt und dadurch Abschläge hinnehmen muss, bleiben diese ein Leben lang bestehen. Die Rentenleistung ist damit dauerhaft gemindert. Die geminderte Leistung ist auch Grundlage für die Berechnung zukünftiger Rentenerhöhungen sowie die der späteren Hinterbliebenenrente. Der Abschlag bleibt auch nach Eintritt des regulären Rentenalters bestehen. Der Versicherungsnehmer erhält folglich dauerhaft ausschließlich gekürzte Leistungen.

Beispiel: Wie sich der Rentenabschlag auswirkt

Bei einer gesetzlichen Altersrente von 1.800 Euro beträgt der maximale Rentenabschlag 259,20 Euro, also rund 260 Euro. Der Rentner bekommt anstelle der Rente mit 67 in Höhe von 1.800 Euro ab dem 63. Lebensjahr eine Monatsrente von 1.540 Euro von der Deutschen Rentenversicherung ausgezahlt. Allerdings werden hierauf dann noch Einkommensteuern fällig, wenn die Gesamteinkünfte nach Abzug der Sonderausgaben den Grundfreibetrag überschreiten.

Tabelle 10 zeigt, welche Abschläge in Abhängigkeit davon vorgenommen werden, mit welchem Lebensalter ein Versicherter in Rente geht und wie sich das bei einem angenommenen Rentenanspruch von 1.000 Euro pro Monat in Euro und Cent auswirkt.

Tabelle 10: Höhe des Abschlags bei vorzeitigem Renteneintritt

Renteneintritt im Alter … (Lebensjahre)	Rentenabschlag (in Prozent)	Höhe der Rente bei 1.000 Euro regulärem Rentenanspruch (in Euro)
67	0	1.000
66	3,6	964
65	7,2	928

Renteneintritt im Alter … (Lebensjahre)	Rentenabschlag (in Prozent)	Höhe der Rente bei 1.000 Euro regulärem Rentenanspruch (in Euro)
64	10,8	892
63	14,4	856

Der vorzeitige Bezug der Altersrente hat auch zur Folge, dass die restlichen Beitragsjahre bis zum Ende der Regelarbeitszeit mit dem Eintritt des 67. Lebensjahres fehlen. Somit fehlen auch die auf diese Zeit entfallenden Entgeltpunkte. Geht ein Versicherungsnehmer also vier Jahre früher in Rente, werden ihm nicht nur 14,4 Prozent abgeschlagen, sondern ihm fehlen auch vier Rentenpunkte.

Sie wissen jedoch: Nicht nur ganze Jahre wirken sich bei einem vorzeitigen Renteneintritt aus, sondern sogar einzelne Monate. In Tabelle 11 sehen Sie beispielhaft für einige Szenarien, welche Rentenabschläge ein Abschlag von 0,3 Prozent pro Monat mit sich bringt.

Tabelle 11: Höhe des Abschlags bei vorzeitigem Renteneintritt (weitere Beispiele)

Um … Monate vorgezogener Renteneintritt	Rentenabschlag (in Prozent)	Höhe der Rente bei 1.000 Euro regulärem Rentenanspruch (in Euro)
1	0,3	997 Euro
6	1,8	982 Euro
10	3,0	970 Euro
12	3,6	964 Euro
20	6,0	940 Euro
24	7,2	928 Euro
30	9,0	910 Euro
36	10,8	892 Euro
40	12,0	880 Euro
48	14,4	856 Euro

Frühestens 48 Monate, also vier Jahre früher kann ein gesetzlich Versicherter in Rente gehen. Dabei werden dann maximal 14,4 Prozent (0,3 Prozent x 48) Abschlag von der monatlichen Bruttorente vorgenommen.

6.4 AUSGLEICH VON RENTENABSCHLÄGEN

Die Abschläge und die damit einhergehende lebenslange Versorgungslücke kann ein gesetzlich Versicherter durch verschiedene Vorgehensweisen ausgleichen, um keine oder nur geringe Einbußen erleiden zu müssen. Dazu gibt es zwei Möglichkeiten

6.4.1 Sonderzahlungen in die Deutsche Rentenversicherung

Ein Versicherungsnehmer kann die zu erwartenden Rentenabschläge durch Sonderzahlungen in die Deutsche Rentenversicherung ausgleichen. Geregelt ist diese Option in § 187a SGB VI. Seit einer Gesetzesänderung Mitte 2017 können Versicherte bereits ab dem 50. Lebensjahr freiwillige Sonderzahlungen an die Deutsche Rentenversicherung leisten. Früher ging das erst ab dem 55. Lebensjahr. Damit kann die Rente erhöht werden und ein früherer Rentenbeginn ohne Abschläge erreicht werden.

Die Deutsche Rentenversicherung teilt mit, dass die Rendite bei diesen freiwilligen Einzahlungen attraktiver sei als die Rendite herkömmlicher Geldanlagen angesichts der aktuellen Minizinsen. Damit sei es vernünftig, die zukünftige gesetzliche Rente mit freiwilligen Zusatzzahlungen zu steigern. Auch wer vorzeitig in Rente gehen wolle, könne getrost zu diesem Mittel greifen. Die Zukunft wird zeigen, ob das wirklich so ist. Zweifel bleiben, da die Deutsche Rentenversicherung immer noch auf dem Generationenmodell basiert und künftig mit einem sinkenden Rentenniveau zu rechnen ist.

Für alle Versicherten, die schon viele Jahre eingezahlt haben und nun vor dem gesetzlichen Renteneintrittsalter in den Ruhestand gehen wollen, ist die Sonderzahlungsoption durchaus attraktiv, denn sie können dann zusätzliche

Beiträge leisten und damit schon frühzeitig die Abschläge für den früheren Rentenbeginn ausgleichen.

Die Deutsche Rentenversicherung rechnet vor, dass bei einer Bruttorente von monatlich 800 Euro in den alten Bundesländern und einem um ein Jahr vorzeitigen Rentenbeginn die Rentenminderung 3,6 Prozent betrage, also zwölfmal 0,3 Prozentpunkte pro Monat. Das entspricht einer monatlichen Renteneinbuße von rund 30 Euro. Oben haben wir dazu bereits weitere Beispiele gesehen. Um das auf Dauer auszugleichen, müssen Sie zwischen 6.750 und 7.000 Euro in die Rentenversicherung einzahlen.

Je höher die Rente und die Abschläge für den frühzeitigen Rentenbeginn sind, desto mehr müssen Sie als Ausgleich dafür einzahlen. Die Frage lautet, ob sich mit rein privater Vorsorge eine größere Rendite erzielen lässt. Das ist sicherlich nicht immer der Fall. Lassen Sie sich bei einer Rentenberatungsstelle berechnen, was in Ihrem konkreten Fall freiwillige Sonderzahlungen in die Deutsche Rentenversicherung bringen.

Dafür können Sie noch während Ihrer Erwerbstätigkeit bei der Deutschen Rentenversicherung eine besondere Rentenauskunft beantragen, die die voraussichtliche Minderung der Altersrente unter Berücksichtigung des angefragten vorzeitigen Renteneintritts ausweist. Eine solche Anfrage ist ab dem 50. Lebensjahr möglich. Die Versicherung fordert zur Bearbeitung des Antrags eine Bescheinigung vom Arbeitgeber über den Bezug des derzeitigen Bruttoarbeitsentgelts an. Auf Grundlage der zum Zeitpunkt der Berechnung geltenden Werte wird dann die Höhe der Zahlung ermittelt, die zum Ausgleich der Rentenminderung aufgrund des vorzeitigen Renteneintritts notwendig ist. Da es, wie bereits dargestellt, schwierig ist, eine verlässliche Prognose über den voraussichtlichen Rentenanspruch abzugeben, ergeben sich zwangläufig Schwankungen der Zahlenwerte im Zeitablauf. Je früher der Antrag auf besondere Rentenauskunft gestellt wird, desto ungenauer ist der Endbetrag. Aktuell wird zwar die erreichte absolute Rentenhöhe garantiert, das heißt, sie darf nicht abgesenkt werden. Zukünftige Entwicklungen der Rentenhöhe lassen sich aber nicht vorhersagen.

Beispiel: Berechnung einer Sonderzahlung
Die Deutsche Rentenversicherung teilt in der Berechnung der besonderen Rentenauskunft mit, dass die Regelaltersrente voraussichtlich 1.100 Euro beträgt. Möchte der Versicherungsnehmer drei Jahre (36 Monate) vor der Regelaltersgrenze in Rente gehen, beträgt die Rentenhöhe aufgrund der Abschläge noch 981,20 Euro (1.100 Euro - 36 x 0,3 Prozent). Die lebenslange monatliche Minderung um 118,80 Euro, hochgerechnet auf die regelmäßige geschätzte Lebenserwartung (118,80 Euro x 12 Monate x 25 Jahre), kann der Versicherungsnehmer dann durch das Vornehmen einer einmaligen Sonderzahlung von rund 35.640 Euro ausgleichen. Die Sonderzahlung ist abhängig vom Alter des Betroffenen. Aufgrund versicherungsmathematischer Berechnungen fällt die Sonderzahlung in der Regel niedriger aus. Im vorliegenden Fall reduziert sich die Zahlung auf ca. 30.400 Euro.

Die Sonderzahlung hat aber den Vorteil, steuerlich als Sonderausgabe angesetzt werden zu können. Sie mindert damit die Einkommensteuer im Jahr der Zahlung. Hierdurch ergibt sich in der Regel eine erhebliche Steuerersparnis, vor allem, wenn andere Einkünfte vorhanden sind.

Weiteres Beispiel: Berechnung der Sonderzahlung
Der Versicherungsnehmer erwartet bei regulärem Renteneintritt 1.500 Euro Rente monatlich. Bei einem um drei Jahre (36 Monate) vorgezogenen Renteneintritt droht ihm ein Rentenabschlag von 10,8 Prozent (0,3 x 36). Um den Abschlag auszugleichen, muss der Versicherungsnehmer seinen Rentenanspruch um 162 Euro steigern. Dieser Betrag errechnet sich, indem 1.500 Euro Rente mit 0,892 multipliziert werden (100 Prozent Rente abzüglich eines Abschlags von 10,8 Prozent). Aus dem Unterschied von 1.500 Euro zu 1.338 Euro ergibt sich der notwendige monatliche Mehraufwand von 162 Euro.

Nun muss sich der Versicherungsnehmer noch ausrechnen, was ihn das Ganze kostet. Zuerst ermittelt er, wie viele Entgeltpunkte er für die Mehr-Rente von 162 Euro benötigt. Beim aktuellen Rentenwert von 33,05 Euro (West, Stand: erstes Halbjahr 2020) sind das 5,22 Entgeltpunkte (162 geteilt durch 33,05). Jeder Entgeltpunkt kostet derzeit 7.235 Euro. Dieser Betrag ergibt sich aus dem durchschnittlichen Bruttogehalt aller Versicherten (38.901 Euro) multipliziert mit dem aktuellen Beitragssatz zur Rentenversicherung von 18,6 Prozent.
5,22 Entgeltpunkte kosten den Versicherungsnehmer demnach ca. 37.767 Euro. Das heißt, um den Abschlag auszugleichen, müsste er eine Sonderzahlung von ungefähr 37.767 Euro leisten. Dieser Betrag kann bis zur Höchstgrenze, also anteilig, als Sonderausgaben in der Einkommensteuer angesetzt werden. Dadurch mindert sich die Einkommensteuer in dem Jahr der Zahlung.

Zu beachten ist allerdings, dass eine bereits geleistete Sonderzahlung nicht erstattet werden kann. Sonderzahlungen können aber durchaus in Raten erbracht werden. Die Sonderzahlung kann auch, wenn sie in Raten erbracht wird, steuerlich bis zum Höchstbetrag im jeweiligen Kalenderjahr geltend gemacht werden. Daher lohnt sich oft die Aufteilung der Sonderzahlung in Raten.

Vom Zeitpunkt der Antragstellung bis zum Bezug der der Altersrente kann die Sonderzahlung in Teilbeträge aufgeteilt werden, welche bis zu zwölfmal im Kalenderjahr geleistet werden können.

Wichtiger Hinweis

Eins sei noch angemerkt. Eine private Zusatzversorgung ersetzen solche Sonderzahlungen auf keinen Fall. Beachten Sie hierzu die Tipps im zweiten Teil meines Buches, in dem es um die private Altersvorsorge geht. Sie ist die dritte und mittlerweile wichtigste Säule unseres Renten- und Vorsorgesystems.

6.4.2 Private Rentenversicherung

Ein gesetzlich Rentenversicherter kann die erwarteten Rentenabschläge auch ausgleichen, indem er sich privat rentenversichert. Wann aus einer solchen privaten Rentenversicherung eine Rente gezahlt wird, richtet sich regelmäßig nicht nach dem Erreichen einer Regelaltersgrenze, sondern beginnt mit dem vertraglich vereinbarten Leistungszeitpunkt.

Zu beachten ist jedoch, dass die Leistungen der gesetzlichen Rentenversicherung derzeit in Summe betrachtet in der Regel höher ausfallen als die einer privaten Rentenversicherung.

Fraglich ist, ob einmalige Sonderzahlungen in die gesetzliche Rentenversicherung lohnender sind als Privatrenten. Dies hängt neben der Rendite der privaten Altersvorsorge unter anderem davon ab, inwieweit die Rentenleistungen durch Beiträge zur gesetzlichen Kranken- und Pflegeversicherung sowie durch Steuern belastet werden. So werden gesetzliche Renten beispielsweise mit einem höheren Anteil besteuert als Renten aus bestimmten privaten Versicherungen. Bis 2040 wird die Besteuerung jedoch wiederum auch hier angeglichen, sodass ab diesem Zeitpunkt dann alle Renten und Pensionen gleich besteuert werden.

Solange die Summe der gesetzlichen Rente einschließlich der Zusatzrente, deren Anspruch auf einer Sonderzahlung an die Deutschen Rentenversicherung beruht und bei dem zu versteuernden Einkommen den Grundfreibetrag nicht überschreitet, ist die Zusatzrente von der Einkommensteuer befreit. In diesem Fall sind Sonderzahlungen im Einzelfall lohnender als Renten aus privaten Rentenversicherungen. Ob dies allerdings wirklich so ist, hängt in hohem Maße von der Rendite der privaten Rentenversicherung ab. Mehr dazu in einem späteren Abschnitt.

Wenn ein gesetzlich Versicherter jedoch mit der Zusatzrente bei seinem zu versteuernden Einkommen den Grundfreibetrag zur Einkommensgrenze überschreitet, muss er auf jeden Euro der Zusatzrente mindestens 14 Cent Steuern (Eingangssteuersatz 14 Prozent) zahlen, gegebenenfalls zuzüglich der Kirchensteuer. In diesem Fall können Sonderzahlungen in die gesetzliche Rentenversicherung im Einzelfall nachteilig gegenüber Leistungen einer privaten Rentenversicherung sein. Auch hier sind am Ende die Renditen der privaten Vorsorge und die zukünftigen Entwicklungen im System der Deutschen Rentenversicherung entscheidend.

Beispiel: Vergleich Sonderzahlung versus private Zusatzrente

Der Rentenbezieher ist 64 Jahre alt, kinderlos und erbringt einer Sonderzahlung von 30.000 Euro. Er ist in der gesetzlichen Kranken- und Pflegeversicherung der Rentner pflichtversichert. Einkommensteuer muss er keine zahlen, da der Grundfreibetrag durch den zu versteuernden Teil der Rente nicht überschritten wird.

Alternativ könnte der Rentenbezieher eine private Vorsorge durch Einmalzahlung abschließen, die das Geld fondsbasiert anlegt und eine Rendite von durchschnittlich 2 Prozent erwirtschaftet. Die Rente ist auf 25 Jahre Bezugsdauer ausgelegt und beinhaltet einen Kapitalverzehr.

Die folgende Berechnung bezieht sich auf die auszugleichenden Abschläge. Berechnet wird in diesem Beispiel der durch die Sonderzahlung zu erzielende monatliche Ausgleich.

Anbieter	Monatlich erzielte Zusatzrente
Deutsche Rentenversicherung	118 Euro
Private Rentenversicherung, fondsbasiert	ca. 127 Euro

Bei der angegebenen Verzinsung lohnt sich die Investition der Ausgleichszahlung in die private fondsbasierte Rentenversicherung auch ohne steuerlichen Vorteil, da der monatlich zu erwartende Betrag um 9 Euro höher liegt als bei der deutschen Rentenversicherung. Beträgt die Verzinsung bei der privaten Vorsorge allerdings nur noch 1 Prozent per anno, kehrt sich die Berechnung um.

Fazit
Bei Personen, die in absehbarer Zeit in Rente gehen, können sich Sonderzahlungen in die Deutsche Rentenversicherung durchaus lohnen. Es gibt nach wie vor einen zusätzlichen Steuerfreibetrag für Rentner. Bei Personen, die erst in ferner Zukunft in Rente gehen, werden sich Sonderzahlungen möglicherweise weniger lohnen.

6.4.3 Wertpapierdepot

Ein Versicherungsnehmer, der keine Sonderzahlung leisten und auch keine private Rentenversicherung abschließen möchte, kann Vorsorgekapital mit einem gut gemanagten Wertpapierdepot ansparen. Als Grundlage dienen hier Fonds oder ETF.

6.5 WANN LOHNT SICH DER FRÜHERE RENTENEINTRITT FÜR RENTNER DER DEUTSCHEN RENTENVERSICHERUNG?

Volle Altersrenten gibt es für Versicherungsnehmer der gesetzlichen Rentenversicherung erst mit vollendetem (65 bis) 67. Lebensjahr. Wer früher in Rente gehen möchte, muss bestimmte Voraussetzungen erfüllen und eine lebenslange Rentenkürzung akzeptieren. Freiwillige Sonderzahlungen in die gesetzliche Rentenversicherung sind eine gute Möglichkeit, um bei einer Frühverrentung die Minderung der Rentenleistung abzumildern. Besonders angesichts der aktuell niedrigen Zinsen lohnt sich dieses Vorgehen. Wer das erwägt, sollte jedoch vorher immer eine individuelle und umfassende Prüfung der Sachlage und seines Vermögens vornehmen (lassen), um abzuwägen, ob die Leistung einer privaten Rentenversicherung oder die Geldanlage in Wertpapieren nicht womöglich günstiger ausfällt und sich die Differenz damit besser ausgleichen lässt. Entsprechende Beratungen werden unter anderem durch die Deutsche Rentenversicherung selbst oder durch

Beratungsstellen, zum Beispiel bei den Verbraucherzentralen, durchgeführt. Rentenabschlagsrechner, die einen Überblick liefern, finden sich zudem im Internet. Sie ersetzen jedoch keinesfalls eine fachkundige Beratung.

Fazit

- Gehen Sie als gesetzlicher Rentner vorzeitig in Rente, müssen Sie erhebliche Abschläge für die gesamte Rentendauer in Kauf nehmen. Gleichen Sie die Abschläge durch private Vorsorge aus.
- Informieren Sie sich über Ihre Abschläge.
- Vergleichen Sie die Alternativen, die sich Ihnen bieten, um diese Abschläge auszugleichen, und suchen Sie dazu eine Beratungsstelle auf.

7. ALTERSTEILZEIT – EIN WEG IN DIE FRÜHERE RENTE

Altersteilzeit ist auch ein Weg, etwas früher in Rente zu gehen. Das Modell funktioniert folgendermaßen: Ein Arbeitnehmer, der mindestens 55 Jahre alt ist, halbiert seine Arbeitszeit für die bis zur Rente verbleibende Arbeitszeit, mindestens jedoch für drei Jahre. Es gibt dabei zwei Varianten: Entweder die verbleibende Arbeitszeit bis zum Renteneintrittsalter wird halbiert: In der ersten Hälfte wird voll gearbeitet, in der zweiten gar nicht mehr. Für beide Hälften gilt das gleiche, reduzierte Gehalt. Diese Variante nennt sich Blockmodell. Oder der Betreffende arbeitet während der gesamten Restzeit bis zum Renteneintrittsalter nur halbtags bzw. 50 Prozent der ursprünglichen Arbeitszeit und bekommt ebenfalls ein reduziertes Gehalt. Diese Variante nennt sich Gleichverteilungsmodell.

Der Arbeitgeber stockt allerdings in beiden Varianten das reduzierte Gehalt auf und zahlt zusätzliche Rentenversicherungsbeiträge. Damit soll Arbeitnehmern der gleitende Übergang in den Ruhestand ermöglicht werden. Gleichzeitig können die Arbeitsplätze neu besetzt und eventuelle Nachfolger noch gründlich eingearbeitet werden. Dadurch werden Arbeitsplätze geschaffen. Das ist auch Ziel des Altersteilzeitgesetzes.

Es gibt keinen Rechtsanspruch auf Altersteilzeit. Falls Sie daran interessiert sind, müssen Sie die Altersteilzeit mit Ihrem Arbeitgeber vereinbaren. Das Ganze funktioniert also auf freiwilliger Basis.

Vor allem das Blockmodell in der Altersteilzeit ist eine Möglichkeit, früher in Rente zu gehen. Möglich ist dies allerdings nicht mit mehr, sondern nur mit weniger Geld. Das gilt zumindest für gesetzlich Versicherte, die nicht zusätzlich privat vorgesorgt haben.

Um Altersteilzeit mit dem Arbeitgeber vereinbaren zu können, müssen folgende Voraussetzungen erfüllt sein:

- Der betreffende Arbeitnehmer muss mindestens 55 Jahre alt sein.
- Der Arbeitgeber muss einverstanden sein.
- Die Vereinbarung muss vor Beginn der Altersteilzeit getroffen worden sein.
- Es müssen 1.080 Tage an Beitragszeiten innerhalb der letzten fünf Jahre vor der Altersteilzeit vorliegen. Dazu zählen auch Zeiten mit Krankengeldbezug, Zeiten, in denen Anspruch auf Arbeitslosengeld oder ALG II bestand. Auch eine Teilzeitbeschäftigung zählt als Beitragszeit.
- Die Vereinbarung der Altersteilzeit muss sich über den Zeitraum erstrecken, der mit dem regulären Renteneintrittsalter endet (65 bis 67 Jahre, je nach Geburtsjahr).
- Der Zeitraum für die Altersteilzeit muss mindestens drei Jahre betragen.

Beispiel: So funktioniert das Blockmodell

Ein Arbeitnehmer ist 1958 geboren, sein reguläres Renteneintrittsalter liegt daher bei 66 Jahren. Sein Arbeitseinkommen beläuft sich auf 3.200 Euro brutto. Seine Arbeitszeit betrug in der Vergangenheit 40 Stunden pro Woche. 2019 vereinbart er für die verbleibenden fünf Jahre bis zum Erreichen des Renteneintrittsalters Altersteilzeit im Blockmodell.

Er muss nun mit 61 Jahren 2,5 Jahre Vollzeit arbeiten, also weiterhin 40 Stunden pro Woche. Dabei bekommt er nur einen Teil seines ursprünglichen Bruttogehalts, wobei der Arbeitgeber sich freiwillig bereiterklärt, das Gehalt aufzustocken (das muss er aber nicht tun). Mit 63,5 Jahren beginnt für den Arbeitnehmer die Freistellungsphase. Er muss nicht mehr arbeiten und bekommt weiterhin das reduzierte Gehalt. Damit geht er vorzeitig in Rente, allerdings mit weniger Geld.

Bei der Altersteilzeit im Blockmodell wird das Gehalt unterproportional gekürzt und die Beiträge zur Rentenversicherung werden aufgestockt, um Abschläge bei der späteren regulären Altersrente zu vermeiden. Das Arbeitsentgelt und der Aufstockungsbetrag müssen auch während der Freistellungsphase gezahlt werden.

Das Gehalt wird nicht halbiert, sondern, wie oben bereits erwähnt, unterproportional gekürzt. Das bedeutet, der Arbeitgeber muss während der Altersteilzeit sogenannte Aufstockungsbeträge zahlen. Das sind mindestens 20 Prozent des Regelarbeitsentgelts (§ 6 Abs. 1 Altersteilzeitgesetz). Das Regelarbeitsentgelt ist das vom Arbeitgeber regelmäßig zu zahlende versicherungspflichtige Arbeitsentgelt. Zum Regelarbeitsentgelt gehören:

- vermögenswirksame Leistungen
- Prämien
- Zulagen für regelmäßig zu leistende Arbeit
- Zuschläge für Sonntags-, Feiertags- oder Nachtarbeit
- beitragspflichtige Sachbezüge
- zusätzliche Beiträge zur gesetzlichen Rentenversicherung auf der Grundlage von 80 Prozent des Regelarbeitsentgelts, begrenzt auf den Unterschiedsbetrag zwischen 90 Prozent der monatlichen Beitragsbemessungsgrenze und dem Regelarbeitsentgelt.

Die Aufstockungsbeträge zum Arbeitsentgelt und zur Rentenversicherung sind grundsätzlich steuer- und sozialversicherungsfrei. Sie unterliegen aber dem Progressionsvorbehalt, sodass sie vom Arbeitgeber bescheinigt werden müssen. Einen Zuschuss vom Staat gibt es zur Altersteilzeit allerdings nicht mehr.

Auch Altersteilzeit ist ein Weg, um früher in Rente zu gehen. Aber auch hier müssen Sie Abschläge beim Gehalt hinnehmen. Trotzdem lohnt sich Altersteilzeit aufgrund der Aufstockungsbeiträge, die einkommensteuer- und sozialversicherungsfrei sind, da Sie nur in der Hälfte der Zeit arbeiten, aber mehr als die Hälfte Ihres Gehalts bekommen.

Wer zusätzlich privat, zum Beispiel mit Immobilien, vorgesorgt hat, kann dann trotzdem früher mit mehr Geld in Rente gehen.

Fazit

Altersteilzeit ist ein möglicher Weg, um früher in Rente zu gehen.
Der Arbeitgeber muss einverstanden sein.
Gehaltsabschläge müssen durch private Vorsorge ausgeglichen werden.

8. FLEXIRENTENGESETZ

Aufgrund des demografischen Wandels gibt es in Deutschland immer mehr Rentner. Auch in den nächsten Jahren werden die Zahlen der Rentner aufgrund der gestiegenen Lebenserwartung deutlich steigen. Viele ältere Menschen wollen und können trotzdem nach dem Erreichen des Renteneintrittsalters weiterarbeiten und werden von ihren Arbeitgebern nicht selten dringend gebraucht. Da Stichwort lautet Fachkräftemangel.

Die Gründe, warum jemand trotz anstehenden Rentenalters weiterarbeiten will oder muss, sind vielfältig. Ältere Menschen wollen sich fit halten, soziale Kontakte pflegen, Erfahrungen weitergeben, mehr Geld zur Verfügung haben und Wertschätzung erfahren. Das ist nichts Schlechtes. Wer also Spaß an seiner Arbeit hat, dem tut die Arbeit auch im Alter gut. Vielleicht will der eine oder die andere etwas kürzertreten, aber dennoch arbeiten.

Das Flexirentengesetz soll Ihnen dies leichter machen, weil es die bisher relativ starren Rentenregelungen aufbricht. Sie haben jetzt die Möglichkeit, den Übergang vom Erwerbsleben in den Ruhestand individuell und auf die Lebenssituation zugeschnitten zu gestalten, beispielsweise durch die neuen, flexibleren Regelungen zum Hinzuverdienst.

8.1 WARUM DAS FLEXIRENTENGESETZ AUF DEN WEG GEBRACHT WURDE

Der Begriff der Flexirente wurde im Rahmen der politischen Auseinandersetzung im Hinblick auf das Gesetzgebungsverfahren zum Rentenversicherungs-Leistungsverbesserungsgesetz geprägt.

In vielen Tarifverträgen, aber auch in Betriebsvereinbarungen oder individuellen Arbeitsverträgen war bislang meistens geregelt, dass ein Arbeitsverhältnis dann endet, wenn der Arbeitnehmer seine Regelaltersgrenze erreicht hat. Hätte es eine solche Regelung nicht gegeben, würde ein Arbeitsverhältnis arbeitsrechtlich weiter unbefristet bestehen, bis es von einer Seite gekündigt wird. Dadurch würde jungen Arbeitnehmern der Berufseinstieg erschwert werden und es würde immer weniger neue Arbeitsplätze geben. Weiter bestünde bei solcherlei Regelungen das Problem, beim selben Arbeitgeber nach Eintritt des Rentenalters weiter beschäftigt werden zu können. Eine Verlängerung des Arbeitsverhältnisses wäre nicht vereinbar mit den Regeln des Teilzeit- und Befristungsgesetzes (TzBfG), wonach eine sachgrundlose Befristung des Arbeitsverhältnisses unzulässig ist. Ein Arbeitsverhältnis hätte damit nur unbefristet eingegangen werden können.

Zudem bestanden Hinzuverdienstgrenzen, die vor dem Erreichen der Regelaltersgrenze beim Bezug von Alters- oder Erwerbminderungsrenten galten. Sofern der Arbeitnehmer zum Rentenbezug hinzuverdiente, wurde seine Rente entsprechend gekürzt. Bei der Kürzung gab es verschiedene Abstufungen. Hier ergab sich das Problem, dass das Überschreiten der Hinzuverdienstgrenze auch nur um wenige Euro bereits dazu führte, dass die nächstniedrige Teilrentenstufe an den Rentner ausgezahlt wurde. Dadurch musste er erhebliche Einkommensrückgänge erleiden. Entsprechend lohnte sich das Arbeiten hier nicht besonders.

Zudem konnte ein Arbeitnehmer, der eine Vollrente bezog und gleichzeitig eine Beschäftigung ausübte, nicht weiter in die Rentenversicherung einzahlen. Er erwarb damit durch die Fortführung der Beschäftigung auch keine zusätzlichen Rentenansprüche.

8.2 ZIELE DES FLEXIRENTENGESETZES

Das Ziel des Flexirentengesetzes besteht darin, ein längeres und flexibleres Weiterarbeiten auch im Rentenalter zu fördern. Davon sollen Arbeitnehmer und Arbeitgeber profitieren. Außerdem soll dadurch die deutschlandweite

Altersarmut bekämpft werden. Zu den wichtigsten Regelungen des Flexirentengesetzes gehören:

- der Erwerb von Rentenanwartschaften während des Bezugs einer Altersvollrente
- verbesserte Kombinationsmöglichkeiten von Hinzuverdienst und Rente
- eine stufenlose Altersteilrente
- eine früher mögliche Sonderzahlung von Rentenabschlägen bei vorzeitigen Altersrenten

8.3 DIE NEUERUNGEN DURCH DAS FLEXIRENTENGESETZ

Bis Ende 2016 waren Altersvollrentner versicherungsfrei in der Renten- und Arbeitslosenversicherung. Dabei war es irrelevant, ob die Rente vor oder nach der Regelaltersgrenze bezogen wurde. Diese Regel galt außerdem unabhängig davon, dass Rentenbezieher, die die Regelaltersgrenze noch nicht erreicht hatten, nur in begrenztem Umfang hinzuverdienen konnten. Beschäftigte Altersvollrentner mussten selbst keine Beiträge zahlen. Dagegen musste aber ihr Arbeitgeber seinen Beitragsanteil entrichten. Dieser Arbeitgeber-Beitragsanteil wirkte sich jedoch für den arbeitenden Rentner nicht rentensteigernd aus.

Arbeitsrechtlich wurde der flexible Renteneintritt durch das Rentenversicherungs-Leistungsverbesserungsgesetz umgesetzt. Damit können Arbeitnehmer und Arbeitgeber nunmehr durch Vereinbarung während des Arbeitsverhältnisses den Beendigungszeitpunkt im Hinblick auf das bevorstehende Renteneintrittsalter hinausschieben, und das sogar mehrfach. Durch die gesetzliche Neuregelung des §41 S.3 SGB VI wird es Arbeitgebern und Arbeitnehmern zusätzlich erlaubt, das Arbeitsverhältnis einvernehmlich für einen von vornherein bestimmten Zeitraum rechtssicher fortzusetzen, wenn der Arbeitnehmer das Renteneintrittsalter erreicht hat.

Der sozialrechtliche Teil wurde im Flexirentengesetz selbst umgesetzt, welches am 8. Dezember 2016 im Bundesgesetzblatt verkündet wurde. Einige Inhalte daraus traten am 1. Januar 2017 in Kraft, der übrige Teil zum 1. Juli 2017.

Zum 1. Januar 2017 sind die Regelungen zum Erwerb von Rentenanwartschaften neben einer Altersvollrente unabhängig vom Alter des jeweiligen Rentners in Kraft getreten (§§ 5 Abs. 4, 230 Abs. 9 SGB VI).

Seit dem 1. Juli 2017 gelten die Neuregelungen zum Hinzuverdienst bei Alters- und Erwerbsminderungsrenten (§§ 34, 96a, 302, 313 SGB VI) sowie zur hinzuverdienstunabhängigen Altersteilrente (§ 42 Abs. 2 SGB VI) und zum früher möglichen Ausgleich der Rentenabschläge bei Altersrenten (§ 187a SGB VI).

8.4 DIE REGELUNGEN IM DETAIL

Das Flexirentengesetz schafft die Möglichkeit, sich zusätzlich zur Altersrente etwas hinzuzuverdienen sowie die Rentenzahlungen ganz oder teilweise vorzuziehen oder aufzuschieben. Zudem schafft es die Möglichkeit, bei einem Hinzuverdienst vor Erreichen der Regelaltersgrenze noch weitere Entgeltpunkte zu erwerben und damit die spätere Altersrente aufzustocken. Hier die Einzelheiten.

8.4.1 Hinzuverdienst zur Altersrente

Rentner, die eine vorgezogene Altersrente bekamen, konnten bis zur Neuregelung monatlich 450 Euro hinzuverdienen, ohne dass ihre Rentenbezüge gekürzt wurden. Diese Grenze durfte zweimal im Jahr bis zu einem Betrag von 900 Euro überschritten werden. Wer mehr verdiente, hatte Kürzungen der Rente hinzunehmen. So wurde die Rente je nach Höhe des Hinzuverdienstes auf zwei Drittel, die Hälfte, ein Drittel oder sogar auf null gekürzt. Wurde die jeweilige Hinzuverdienstgrenze auch nur um wenige Euro überschritten, hatte das eine Kürzung des Rentenbezugs auf die nächstniedrige

Stufe zur Folge. Das war ein großer Nachteil, der viele Menschen, die die vorgezogene Regelaltersrente bekamen, von einer weiteren Erwerbstätigkeit zur Aufstockung ihrer Bezüge abhielt. Die Arbeit lohnte sich für sie schlichtweg nicht, denn durch die Rentenkürzung blieb nur wenig vom Arbeitslohn übrig.

Seit dem Inkrafttreten des Flexirentengesetzes können nun Rentner mit einer vorgezogenen Altersrente (also vor dem Erreichen der Regelaltersgrenze) bis zu 6.300 Euro pro Jahr anrechnungsfrei hinzuverdienen (§ 34 Abs. 2, 3 SGB VI. Die bisher geltende Grenze von 450 Euro monatlich gibt es nicht mehr. Der Rentner erhält damit auch die Möglichkeit, in nur wenigen Monaten die 6300 Euro zu erwirtschaften. Denn es gibt keine monatliche Höchstgrenze, sondern nur noch eine jährliche. Es ist somit gleichgültig, ob Sie den Betrag in einem einzigen Monat verdienen oder über das ganze Jahr verteilt.

Der über den Betrag von 6.300 Euro hinausgehende Verdienst wird nun zu 40 Prozent auf die Rente angerechnet. Allerdings wurde eine Obergrenze für den Hinzuverdienst angegeben. Werden die gekürzte Rente und der Hinzuverdienst addiert und liegt die Summe über dem bisherigen Einkommen, wird der überschüssige Betrag zu 100 Prozent auf die verbliebene Teilrente angerechnet (§ 34 Abs. 3 SGB VI). Als „bisheriges Einkommen“ zählt in diesem Zusammenhang das höchste Einkommen der letzten 15 Jahre, man spricht hier von einem Hinzuverdienstdeckel. Seit dem 1. Juli 2017 wird bei der Berechnung der Hinzuverdienstgrenze kein Unterschied mehr zwischen den alten und den neuen Bundesländern gemacht.

Beispiel: Wenn der Hinzuverdienst höher als 6.300 Euro pro Jahr ausfällt

Ein Rentner hat einen Anspruch auf eine monatliche Altersvollrente in Höhe von grundsätzlich 1.250 Euro. Der Hinzuverdienstdeckel beträgt 3.000 Euro. Aufgrund einer Beschäftigung während des Rentenbezugs

(vor Erreichen der Regelaltersgrenze) wird ein Arbeitsentgelt in Höhe von kalenderjährlich 15.000 Euro erzielt.
Der jährliche Hinzuverdienst überschreitet die Hinzuverdienstgrenze von 6.300 Euro, sodass es zu einer Anrechnung auf die Altersrente kommen muss. Die Hinzuverdienstgrenze von 6.300 Euro wird um 8.700 Euro (15.000 Euro - 6.300 Euro) überschritten. Pro Monat beträgt der anzurechnende Hinzuverdienst damit 725 Euro (8.700 Euro : 12 Monate). 40 Prozent hiervon betragen (725 Euro x 40 Prozent =) 290 Euro. Die Altersvollrente wird damit von 1.250 Euro auf (1.250 Euro - 290 Euro) 960 Euro gekürzt.
Die Rente von 960 Euro und der Hinzuverdienst von monatlich 1.250 Euro (15.000 Euro : 12 Monate), also insgesamt von 2.210 Euro, überschreiten allerdings den errechneten Hinzuverdienstdeckel von 3.000 Euro nicht, sodass es zu keiner weiteren Rentenkürzung kommt. Dem Versicherten steht eine monatliche Rente von 960 Euro zu.

Im Einzelfall ist daher zu prüfen, inwieweit sich ein höherer Hinzuverdienst tatsächlich lohnt. Wird auch der Hinzuverdienstdeckel von 3.000 Euro überschritten, kann der Anspruch auf eine Altersrente sogar ganz entfallen.

Beispiel: Ein Fall, bei dem die Altersrente auf null gekürzt wird
Die Ausgangsdaten sind in diesem Beispiel gleich wie im vorigen. Doch beträgt der Hinzuverdienst jetzt 3.000 Euro monatlich, also 36.000 Euro im Kalenderjahr.
Der jährliche Hinzuverdienst überschreitet also offensichtlich wiederum die Hinzuverdienstgrenze von 6.300 Euro, sodass er auf die Altersrente angerechnet wird. Die Hinzuverdienstgrenze von 6.300 Euro wird um 29.700 Euro (36.000 Euro - 6.300 Euro) überschritten. Pro Monat beträgt der anzurechnende Hinzuverdienst damit (29.700 Euro :

12 Monate) 2.475 Euro. 40 Prozent hiervon sind 990 Euro. Die Altersvollrente wird damit von 1.250 Euro auf 260 Euro (1.250 Euro - 990 Euro) gekürzt.
Die Rente von 260 Euro und der Hinzuverdienst von monatlich 3.000 Euro (36.000 Euro : 12 Monate), also insgesamt 3.260 Euro, überschreiten den errechneten Hinzuverdienstdeckel von 3.000 Euro um 260 Euro. Dieser Betrag wird auf die verbleibende Rente angerechnet, sodass der Versicherte in diesem Fall kein Anspruch mehr auf Bezug einer Rente hat. Mit dem Hinzuverdienstdeckel von 3.000 Euro ist dieses immer ab einem Hinzuverdienst von 3.000 Euro monatlich der Fall.

Ändert sich der Hinzuverdienst im Laufe eines Kalenderjahres, kann auf Antrag die Rente wieder angepasst werden, vorausgesetzt, die Veränderung beträgt mehr als 10 Prozent.

Ein Altersrentner kann zudem die Höhe der Teilrente und damit die Höhe der Hinzuverdienstgrenze jederzeit selbstständig festlegen. Dann muss allerdings die Teilrente mindestens 10 Prozent der Vollrente betragen (vgl. § 42 Abs. 2 SGB VI). Je höher die Teilrente, desto niedriger sind die Hinzuverdienstgrenzen.

Die Teilrente, die zunächst noch nicht in Anspruch genommen wird, erhöht sich um 0,5 Prozent für jeden Monat Aufschub. Das sind 6 Prozent pro Jahr (12 Monate x 0,5 Prozent).

Damit kann ein Rentner Einfluss auf die Anrechnungshöhe nehmen. Wer davon geschickt Gebrauch macht, kann vermeiden, den gesamten Rentenanspruch durch den Hinzuverdienst zu verlieren. Sich einen Teil der Rente später auszahlen zu lassen, führt wiederum zu Zuschlägen (0,5 Prozent pro Monat = 6 Prozent pro Jahr). Dadurch lohnt sich der Hinzuverdienst umso mehr. Denn dieser Zuschlag bleibt für den Rest der Rentendauer erhalten.

Beispiel: Rentenerhöhung bei vorläufigem Verzicht auf eine Teilrente
Die Regelaltersrente beträgt 1.000 Euro brutto. Der Versicherte nimmt nach dem Monat des Erreichens der Regelaltersgrenze jedoch nur 50 Prozent der Rente als Teilrente in Anspruch. Nach zwölf Kalendermonaten nimmt er dann 90 Prozent und nach 24 Kalendermonaten 100 Prozent der Rente in Anspruch. Die Berechnung erfolgt ohne Berücksichtigung der Wirkung von sonstigen Rentenanpassungen und sieht so aus:

Rentenhöhe zum Rentenbeginn:	500 Euro (50 Prozent)
Rentenhöhe zwölf Monate später:	765 Euro (500 Euro + 424 Euro [400 Euro um 6 Prozent erhöht])
Rentenhöhe 24 Monate später:	877 Euro (765 Euro + 112 Euro (100 Euro um 12 Prozent erhöht))

Wer neben der gesetzlichen Rente noch eine Betriebsrente erhält, sollte allerdings wissen: Der Bezug der Teilrente kann sich auf die Höhe der Betriebsrente auswirken. So kann ein Überschreiten der Hinzuverdienstgrenze und die damit verbundene Kürzung der Teilrente auch zu einer Kürzung oder sogar zum Ruhen der Betriebsrente führen.

Wichtig zu wissen: Keine Rentenkürzung nach Erreichen der Regelaltersgrenze
Wer die Regelaltersgrenze erreicht hat, kann unbegrenzt hinzuverdienen, ohne eine Rentenkürzung befürchten zu müssen. Der Hinzuverdienst hat keinerlei Einfluss auf die Rentenhöhe.

8.4.2 Erwerb von Entgeltpunkten

Nach alter Rechtslage zahlten Rentner, die ihre vorgezogene Altersrente in voller Höhe erhielten und daneben noch arbeiteten, keine Arbeitnehmerbeiträge in die gesetzliche Rentenversicherung ein und erwarben folglich mit ihrer Tätigkeit auch keine zusätzlichen Rentenansprüche. Das hat sich mit dem Flexirentengesetz nun geändert. Jetzt besteht auch für solche Beschäftigungen eine Rentenversicherungspflicht (§ 5 Abs. 4 S. 1 Nr. 1 SGB VI.

Durch die Beiträge erhöht sich auch der Rentenanspruch der jeweiligen Person. Gerade die Beiträge, die gegen Ende des Arbeitslebens gezahlt werden, erhöhen den Rentenanspruch versicherungsmathematisch gesehen erheblich.

Wer jedoch als Altersvollrentner bis zum 31. Dezember 2016 rentenversicherungsfrei beschäftigt war, bleibt in dieser Beschäftigung zunächst auch weiterhin versicherungsfrei.

An dieser Stelle ein Hinweis: Sie können Ihre Rente alternativ zum Hinzuverdienst auch durch weitere freiwillige Beiträge erhöhen. Jeder Beschäftigte, der Altersteilrentner, Erwerbsminderungsrentner oder jetzt auch Altersvollrentner ist, kann bis zum Erreichen der Regelaltersgrenze freiwillig Beiträge zahlen und damit seine Rentenansprüche, auch genannt Rentenanwartschaften, erhöhen.

8.4.3 Hinzuverdienst zur Erwerbsminderungsrente

Wenn die Rente wegen voller Erwerbsminderung bezogen wird, gilt für sie nun die gleiche Hinzuverdienstgrenze wie für Rentner, die eine vorgezogene Altersrente erhalten (vgl. § 42 Abs. 2 SGB VI). Die Hinzuverdienstgrenze liegt demnach bei 6.300 Euro. Verdienste darüber hinaus werden zu 40 Prozent auf die Rente angerechnet. Bei Renten wegen teilweiser Erwerbsminderung wird die Hinzuverdienstgrenze individuell berechnet. Sie orientiert sich an dem höchsten beitragspflichtigen Jahreseinkommen der letzten 15 Jahre. Der Verdienst, der über der individuellen Grenze liegt, wird ebenfalls zu 40 Prozent auf die Rente angerechnet.

Der Anspruch auf Erhalt einer befristeten Rente wegen voller Erwerbsminderung entsteht nun grundsätzlich nicht mehr erst im siebten Monat nach Eintritt der Erwerbsminderung, sondern schon in dem Zeitpunkt, wenn ein etwaiger Anspruch auf Arbeitslosengeld, Krankengeld oder Krankentagegeld wegfällt.

8.4.4 Zuschlag bei Aufschub des Rentenbezugs

Ein Beschäftigter, der die Regelaltersgrenze erreicht hat, aber noch weiterarbeiten möchte, ohne zusätzlich die ihm zustehende Altersrente zu beziehen, bekommt einen monatlichen Rentenzuschlag von 0,5 Prozent. Zusätzlich erhöht sich die Rente noch durch die laufenden Beitragszahlungen zur Rentenversicherung, durch die der Betreffende Entgeltpunkte erwirbt. Beiträge zur Arbeitslosenversicherung müssen allerdings nicht mehr gezahlt werden (§ 28 Abs. 1 Nr. 1 SGB III).

Beispiel: Aufschub des Rentenbezugs um zwei Jahre
Eine Regelaltersrente in Höhe von 1.200 Euro brutto wird von einem Versicherten erst zwei Jahre nach Erreichen der Altersgrenze in Anspruch genommen. Die Rente erhöht sich um 12 Prozent, weil sie für 24 Monate (24 x 0,5 Prozent) nicht in Anspruch genommen wurde.
Die Rentenhöhe beträgt daher 1.344 Euro (1.200 Euro + 12 Prozent).
Allerdings ist zu berücksichtigen, dass dem Zuschlag von monatlich 144 Euro insgesamt 28.800 Euro für zwei Jahre nicht bezogene Altersrente gegenüberstehen (1.200 Euro x 24 Monate). Um das auszugleichen, wäre ein Rentenbezug von 200 Monaten (28.800 Euro : 144 Euro), also ein Zeitraum von 16,7 Jahren, erforderlich.
Damit lohnt sich das Ganze erst, wenn der Betroffene älter als 82 Jahre wird. Zu berücksichtigen ist dabei jedoch, dass die Rente zwischenzeitlich angepasst wird und diese Erhöhungen dazu führen, dass sich das Ganze wiederum früher rentiert.

Wirklich lohnt sich die Regelung aber nur dann, wenn ein entsprechend hoher Hinzuverdienst gegenübersteht, der ansonsten zu starken Rentenkürzungen oder gar ganz zum Entfall der Altersrente führen würde

Zudem werden bei einem Hinzuverdienst in der Regel weitere Rentenbeiträge gezahlt, wenn der Hinzuverdienst aufgrund eines Angestelltenverhältnisses erzielt wird. Diese erhöhen dann auch den späteren Rentenanspruch. Gerade die jüngst gezahlten Beiträge wirken sich massiv auf die Rentenhöhe aus.

Seit dem Inkrafttreten des Flexirentengesetzes hat der Arbeitnehmer die Wahl, ob er oberhalb der Rentenaltersgrenze selbst noch Beiträge an die Rentenversicherung leisten möchte (§ 5 Abs. 4 S. 1 Nr. 1 SGB VI in Verbindung mit § 172 Abs. 1 Nr. 1 SGB VI). Der Arbeitgeber muss in jedem Fall seinen Anteil an die Rentenversicherung weiterzahlen. In den nächsten fünf Jahren soll jedoch auch der Arbeitgeber von der Zahlung seines Anteils zur Arbeitslosenversicherung befreit werden (§ 346 Abs. 3 S. 3 SGB III).

8.4.5 Abschlag für vorzeitigen Rentenbezug – und Sonderzahlungen, um dies zu vermeiden

Sofern ein Arbeitnehmer seine Rente in Anspruch nimmt, bevor er die Regelaltersgrenze erreicht hat, wird grundsätzlich für jeden Monat, in dem die Rente früher bezogen wird, ein Abschlag von 0,3 Prozent berechnet. Durch Sonderzahlungen des Arbeitnehmers können diese Abschläge ganz oder zum Teil ausgeglichen werden. Weiter können solche Sonderzahlungen nunmehr schon ab dem 50. Lebensjahr geleistet werden, vorher war das erst ab dem 55. Lebensjahr möglich (vgl. § 187a Abs. 1 Nr. 1 SGB VI).

Beispiel: Ermittlung der Sonderzahlung
Die Deutsche Rentenversicherung teilt in der Berechnung der besonderen Rentenauskunft mit, dass die Regelaltersrente 1.400 Euro beträgt. Möchte der Versicherungsnehmer drei Jahre vor der Regelaltersgrenze in Rente gehen, beträgt die Rentenhöhe aufgrund der Abschläge noch 1.248,80 Euro (1.400 Euro - 36 x 0,3 Prozent). Die lebenslange monatliche Minderung um 151,20 Euro hochgerechnet auf die durchschnittliche Lebenserwartung (151,20 Euro x 12 Monate x 25 Jahre) kann der

Versicherungsnehmer dann durch das Vornehmen einer einmaligen Sonderzahlung von rund 45.360 Euro ausgleichen. Aufgrund von versicherungsmathematischen Berechnungen ergibt sich eine reduzierte Sonderzahlung von ca. 39.000 Euro - 40.000 Euro.

Hat ein Beschäftigter bereits Sonderzahlungen geleistet und möchte er die Rente doch erst zu einem späteren Zeitpunkt beziehen, werden die bereits gezahlten Leistungen auf die Höhe der späteren Rente angerechnet. Die Rentenversicherung erstattet bereits geleistete Sonderzahlungen jedoch nicht.

Ausgleichs- und Sonderzahlungen sind ab dem 50. Lebensjahr möglich. Allerdings haben diese Möglichkeit nach Angaben der deutschen Rentenversicherung in den letzten Jahren nur wenige Versicherte in Anspruch genommen.

Das Flexirentengesetz verpflichtet die Deutsche Rentenversicherung in Zusammenarbeit mit Betrieben und Betriebsärzten, Präventionsleistungen für Beschäftigte anzubieten, um körperlichen und psychischen Belastungen vorzubeugen und auf diese Weise die Gesundheit und Leistungsfähigkeit der Versicherten zu stärken (§ 9 Abs. 1 S. 2 SGB VI). Hierzu werden Informationen in Rehabilitationseinrichtungen ausgegeben, berufsbezogene Gesundheitsuntersuchungen vorgenommen und anschließend Therapie und Nachsorge betrieben.

8.5 DIE FLEXIRENTE BIETET KEINE ECHTE FLEXIBILITÄT

Fraglich ist, ob das Flexirentengesetz tatsächlich flexible Übergänge vom Erwerbsleben zur Rente schafft oder ob es an nennenswerten Verbesserungen fehlt.

Zunächst einmal lässt sich in der Praxis feststellen, dass das Flexirentengesetz einige Berufsgruppen gar nicht erreicht. Bei physisch anstrengenden Arbeiten, wie zum Beispiel in der Metallindustrie oder der Gebäudereinigung, scheidet ein Mitarbeiter nach statistischen Erhebungen oftmals bereits mit 60 bis 61 Jahren aus dem Erwerbsleben aus. Damit erreicht das Gesetz einen Großteil der Arbeitnehmer gar nicht. Entsprechend reduzieren die Regelungen nicht die deutschlandweite Altersarmut. Ein wesentliches Ziel des Gesetzes wird damit nicht erreicht.

Zudem werden die benannten Ziele, insbesondere die Förderung des flexibleren Übergangs in die Rente, nur beschränkt umgesetzt. Vielmehr fördert das Gesetz ein Weiterarbeiten nach der Rente; aber dies geschieht nur in beschränktem Umfang. Es bietet also keine Lösung für unsere Problemstellung.

Tatsächliche Ansätze für einen individuellen und angenehmen Übergang unterbleiben. Um einen gleitenden Ausstieg aus dem Erwerbsleben zu ermöglichen, könnte vielmehr eine attraktivere Teilrente helfen, die bereits ab dem 60. Lebensjahr gezahlt wird und auf die Hinzuverdienste nicht angerechnet werden.

Durch die Änderungen im Rentenversicherungs-Leistungsverbesserungsgesetz und durch das Flexirentengesetz ist die Regelaltersgrenze, mit der viele Arbeitsverhältnisse automatisch endeten, unwichtiger geworden.

Mit der Befreiung des Arbeitgebers von der Zahlung seines Beitrags zur Arbeitslosenversicherung wird die Beschäftigung älterer Arbeitnehmer für ihn attraktiver. Dies wird zur Folge haben, dass ältere Arbeitnehmer beziehungsweise Rentner es in Zukunft einfacher haben, eine Anstellung zu finden und diese auch für längere Zeit auszuüben. Der Arbeitgeber profitiert zudem bei diesen Arbeitnehmern von ihren Erfahrungen und fachlichen Kenntnissen, welche sie im Gegensatz zu jüngeren Beschäftigten aufweisen.

Für Beschäftigte mit vergleichsweise hohem Hinzuverdienst und einen überdurchschnittlichen Rentenbezug ist das Modell der Flexirente jedoch unattraktiver als die vorherige Regelung, da sie nun eine deutlich geringere Rentenleistung erhalten.

Weiter ist die Anrechnung des Hinzuverdienstes mit zwei verschiedenen Anrechnungsmodalitäten von 40 oder 100 Prozent sehr komplex und für die Betroffenen kaum durchschaubar. Das vorherige Stufenmodell war zwar starrer und führte schneller zu einer Absenkung der Rente auf die nächsttiefere Stufe, war jedoch deutlich transparenter und besser kalkulierbar für die Arbeitnehmer.

Zudem erfolgt die Überprüfung des Hinzuverdienstes durch die Rentenversicherung und die anschließende Korrektur der Rente rückwirkend. Die Beschäftigten wissen erst nach eineinhalb Jahren abschließend, ob ihnen die Rente auch tatsächlich in der Höhe zugestanden hat. Ist das nicht der Fall, müssen sie Rückzahlungen leisten. Dieses Verfahren sorgt weder für Rechtssicherheit noch für Transparenz bei den Beschäftigten. Weiter kann sich dieses langwierige Verfahren auch zulasten von anderen Versicherungsträgern auswirken, bei denen die Höhe des Rentenanspruchs maßgeblich für die Berechnung der jeweiligen Versicherungsleistung ist.

Die Änderung der Versicherungspflicht bei Vollrentnern ist zu begrüßen. Es zeigt das neue Verständnis des Flexirentengesetzes: Mit dem Bezug der Vollrente ist nicht automatisch das Erwerbsleben abgeschlossen. Allerdings ist das nicht das, was wir hier in unserem Buch erreichen wollen. Wir wollen ja nicht später mit mehr Geld in Rente gehen, sondern früher.

Das Flexirentengesetz enthält sicherlich einige positive Aspekte, die auch für unser gesetztes Ziel eine angenehme Wirkung haben. Dennoch drängt sich der Verdacht auf, dass der Gesetzgeber mit dem Gesetz keine Regelung für einen angenehmeren Übergang vom Erwerbsleben in die Rentenzeit, sondern vielmehr Möglichkeiten schaffen wollte, die Beschäftigten länger in den Betrieben zu behalten. Altersarmut wird damit augenscheinlich nicht wirksam bekämpft, aber das bleibt natürlich abzuwarten. Darüber hinaus können angehende Rentner durch das Gesetz weder früher noch mit wesentlich mehr Geld in Rente gehen.

Wir hatten zumindest die Hoffnung, dass der frühere Renteneintritt durch das Flexirentengesetz maßgeblich gefördert wird. Aber das ist nur sehr eingeschränkt der Fall. Also müssen wir uns weiter unserem Ziel widmen, früher mit mehr Geld in Rente zu gehen.

Fazit

- Die Flexirente bietet keine echte Lösung, um früher mit mehr Geld in Rente zu gehen.
- Die Regelungen für eine vorgezogene Altersrente sind kompliziert.
- Die private Vorsorge ist weiterhin unerlässlich.

9. FRÜHERER RENTENBEGINN WEGEN ERWERBSMINDERUNG

Besondere Umstände können nach der gesetzlichen Rentenregelung einen vorzeitigen Renteneintritt ermöglichen. Ansonsten geht das, bis auf wenige begrenzte Ausnahmen, nur dann, wenn Sie ausreichend privat vorgesorgt haben, wie ich Ihnen mit der Geschichte über meinem Onkel in der Einführung bereits berichtet habe. Die gesetzliche Rentenversicherung hat eine Rente mit beispielsweise 50 oder 55 Jahren nicht vorgesehen.

Ausnahmen hiervon sind allerdings die Erwerbsminderungs- oder Erwerbsunfähigkeitsrenten. Sie werden nur gewährt, wenn amtlich eine Erwerbsminderung oder Erwerbsunfähigkeit festgestellt wurde. Es müssen also erhebliche gesundheitliche Beeinträchtigungen bestehen, welche die Arbeitsfähigkeit vermindern oder es gar unmöglich machen, einer Erwerbstätigkeit nachzugehen.

Die Erwerbsunfähigkeitsrente wurde zum 31. Dezember 2000 abgeschafft und durch die Erwerbsminderungsrente ersetzt. Die Höhe der Rente richtet sich danach, wie lange der Versicherte pro Tag noch arbeiten kann. Sind es weniger als drei Stunden, gibt es die volle Erwerbsminderungsrente, bei drei bis sechs Stunden nur die halbe.

Entscheidend für die Erwerbsminderungsrente ist, dass der Betroffene in keinem Beruf mehr arbeiten kann, also auch nicht in einem, den er nicht gelernt bzw. bisher ausgeübt hat. Nur für vor 1961 Geborene ist der tatsächliche Beruf maßgeblich: Wer ihn nicht mehr ausüben kann, hat Anspruch auf eine solche Rente. Ein Anrecht auf Erwerbsminderungsrente haben Sie unter folgenden Voraussetzungen (§ 43 SGB VI):

- Sie können weniger als sechs Stunden täglich in irgendeinem Beruf arbeiten. Dabei gilt der Grundsatz „Reha vor Rente". Das bedeutet, die Rentenversicherung prüft zunächst, ob Ihre Erwerbsfähigkeit durch eine Rehabilitation wiederhergestellt werden kann. Nur falls das nicht der Fall ist, kommt eine Erwerbsminderungsrente in Betracht.
- Sie haben schon mindestens fünf Jahre in die gesetzliche Rentenversicherung eingezahlt. Welche Phasen zu dieser Wartezeit zählen, lesen Sie weiter unten.
- Von den fünf Jahren unmittelbar vor Eintritt der Erwerbsminderung haben Sie mindestens während drei Jahren eingezahlt. Dabei muss es sich nicht um einen zusammenhängenden Zeitraum handeln.
- Die gesetzliche Rentenversicherung unterscheidet zwischen voller und teilweiser Erwerbsminderung. Die Erwerbsminderungsrente in voller Höhe erhalten Sie nur, sofern es Ihnen gesundheitlich nicht möglich ist, mehr als drei Stunden täglich zu arbeiten.
- Können Sie noch zwischen drei und sechs Stunden irgendeiner Arbeit nachgehen, zahlt die Rentenversicherung nur die halbe Erwerbsminderungsrente. Dann wird erwartet, dass Sie sich einen Teilzeitarbeitsplatz suchen. Welchen Beruf Sie zuvor ausgeübt haben, ist dabei unerheblich. So können Sie als Akademiker auch auf eine ungelernte Tätigkeit verwiesen werden. Nur wenn Sie aufgrund der Arbeitsmarktlage keine Teilzeitstelle finden, können Sie die volle Erwerbsminderungsrente beantragen.

10. BETRIEBLICHE ALTERSVORSORGE UND DIE SOGENANNTE DIREKTVERSICHERUNG

Die betriebliche Altersvorsorge (kurz bAV) umfasst alle finanziellen Leistungen eines Arbeitgebers an seine Arbeitnehmer mit dem Ziel, seine Altersversorgung, die Versorgung von berechtigten Hinterbliebenen im Todesfall oder seine Invaliditätsversorgung bei Erwerbs- oder Berufsunfähigkeit zu gewährleisten. Leistungen zu einer betrieblichen Altersvorsorge werden entweder bei Abschluss des Arbeitsvertrags oder auch später während des bestehenden Arbeitsverhältnisses zugesagt. In der Regel handelt es sich dabei um Zusatzrenten, die neben dem gesetzlichen Rentenanspruch und rein privaten eigenen Vorsorgeleistungen des Arbeitnehmers die dritte Säule der Altersvorsorge bilden.

10.1 GRUNDLAGEN

Grundlage der betrieblichen Altersvorsorge ist das Betriebsaltersvorsorgegesetz (kurz: BetrAVG). Dieses Gesetz regelt die gegenseitigen Ansprüche des Arbeitnehmers und des Arbeitgebers im Hinblick auf die betriebliche Alters(zusatz)versorgung.

Der Arbeitgeber darf dabei nicht einzelne Arbeitnehmer bevorzugen oder benachteiligen. Er muss im Hinblick auf die betriebliche Altersversorgung alle Arbeitnehmer gleich behandeln, es sei denn, sachliche Gründe geben Anlass zur unterschiedlichen Behandlung. Das kann allein schon eine unterschiedliche Stellung oder Lage sein. Ausgeschlossen ist damit eine willkürliche Ungleichbehandlung von Arbeitnehmern.

10.2 BETRIEBLICHE ALTERSVORSORGE

Die Zusage einer betrieblichen Altersvorsorge kann sowohl Arbeitnehmern durch den Arbeitgeber als auch betriebsfremden Mitarbeitern, aus Anlass einer ausschließlichen Tätigkeit für das Unternehmen, erteilt werden. Zugesagt wird in der Regel eine ergänzende Versorgung in Form einer Zusatzrente, die zur gesetzlichen oder privaten Altersversorgung hinzukommt. Die Rente wird in der Regel durch einen Vertrag mit einem privaten Anbieter oder einem Pensionsfonds beziehungsweise einem Direktversicherungsanbieter zugesichert.

Scheidet der Arbeitnehmer aus dem Arbeitsverhältnis aus, ist die zusätzliche Versorgung beziehungsweise Rente nicht verloren. Vielmehr bleibt die Rentenanwartschaft dem Arbeitnehmer erhalten. Die Renten- und/oder Versorgungsansprüche verfallen somit nicht. Dies regelt das BetrAVG. Damit ist die betriebliche Zusatzaltersversorgung sehr sicher. Diese Aussage gilt aber nur, was den Rentenanspruch angeht, nicht jedoch im Hinblick auf seine Höhe. Wie hoch die betriebliche Rente ausfällt, ist abhängig von der Performance oder Rendite des abgeschlossenen Vertrags.

Die Ansprüche auf eine betriebliche Rente verfallen jedoch nur dann nicht, sofern die gesetzlichen Unverfallbarkeitsfristen nach dem BetrAVG erfüllt sind. Das BetrAVG regelt unter anderem die Abfindung oder die Übertragung der Versorgungsanwartschaften.

Ob sich also eine solche zusätzliche betriebliche Altersvorsorge lohnt, hängt daher vom Einzelfall ab. Sie dienst dazu, Versorgungslücken im Rentenalter zu „stopfen“, nicht jedoch, um Vermögen aufzubauen oder einen früheren Renteneintritt zu ermöglichen, auch wenn das durchaus im begrenzten Umfang mit einer betrieblichen Altersversorgung möglich ist.

Rendite und Performance hängen davon ab, mit welchem Anbieter der Arbeitgeber zusammenarbeitet, was er anbietet und zu welchen Konditionen er das tut. Vorteilhaft ist das Ganze, wenn sich der Arbeitgeber an der Finanzierung der Beiträge zur Zusatzaltersvorsorge beteiligt. Damit gelten die gleichen Prinzipien wie bei jedem privaten Versicherungs- beziehungsweise Versorgungsanbieter. Bei nur geringen Erträgen und hohen Kosten lohnt sich ein solcher Vertrag nicht. Auch hier schlägt das niedrige Zinsniveau zu Buche. Die Anbieter haben nur wenig Möglichkeiten, hier besondere Produkte anzubieten.

Einen Grund gibt es jedoch, warum sich eine betriebliche Altersvorsorge wiederum auch bei niedrigen Erträgen als zusätzliche Rente lohnen kann, nämlich wegen der steuerlichen und sozialversicherungsrechtlichen Förderung durch den Staat.

Die betriebliche Altersvorsorge ist eine freiwillige Zusatzrente und ergänzt die gesetzliche Rente. Manchmal sind solche Verträge flexibel ausgestaltet, sodass sie auch schon in Anspruch genommen werden können, bevor die Regelaltersgrenze erreicht ist. Aber das gilt nur unter bestimmten Voraussetzungen:

Beiträge, die zur betrieblichen Altersvorsorge in eine Pensionskasse, einen Pensionsfonds oder eine Direktversicherung investiert werden, sind bis zu einer Grenze von 8 Prozent der jährlichen Beitragsbemessungsgrenze in der gesetzlichen Rentenversicherung einkommensteuerfrei und bis zu einer Grenze von 4 Prozent auch sozialversicherungsfrei. Die Beitragsbemessungsgrenze ist der (jährlich neu festgelegte) Höchstverdienst, bis zu dem Beiträge an die gesetzliche Rentenversicherung abgeführt werden. Im Jahr 2020 liegt sie bei 82.800 Euro.

Damit können die Beiträge für die betriebliche Altersvorsorge aus dem Brutto-Arbeitsentgelt bestritten werden, also ohne einen vorherigen Abzug von Steuern und Sozialversicherungsbeiträgen. Das gilt sowohl für den Arbeitnehmer als auch für den Arbeitgeberbeitrag. Letzteren zahlt der Arbeitgeber häufig zusätzlich ein, sodass sich ein doppelter Effekt für den Arbeitnehmer ergibt und damit eine beträchtliche Zusatzversorgung aufgebaut werden kann.

Allerdings werden natürlich für diesen Teil des Gehalts auch keine Beiträge in die gesetzliche Rentenversicherung eingezahlt. Der Anspruch aus der gesetzlichen Rentenversicherung verringert sich dadurch etwas. Das sollten Sie einkalkulieren. Trotzdem überwiegen meistens die Vorteile des doppelten Spareffekts. Also lohnt es sich daher trotzdem – auch durch den steuerlichen Vorteil.

Eine besondere steuerliche Förderung gibt es dabei seit 2018 im Rahmen der betrieblichen Altersversorgung für Arbeitnehmer mit niedrigem Einkommen. Zahlt der Arbeitgeber für Beschäftigte mit einem monatlichen Bruttoeinkommen von max. 2.200 Euro jährlich 480 Euro in eine betriebliche Altersversorgung ein, werden dem Arbeitgeber davon 144 Euro vom Staat erstattet. Der Arbeitgeber kann dann diesen Betrag zusätzlich für den Arbeitnehmer einsetzen. Daneben ist im Rahmen der betrieblichen Altersversorgung auch die Riesterförderung möglich, die weitere Zulagen bringt oder alternativ einen steuerlichen Sonderausgabenabzug ermöglicht.

Zusätzlich wird die Anrechnung von Zusatzrenten auf die Grundsicherung im Alter begrenzt, damit sich das zusätzliche Sparen am Ende des Erwerbslebens auch für Geringverdiener lohnt.

Außerdem kann vorhandener Lohn in begrenztem Umfang in Einzahlungen zur betrieblichen Altersvorsorge umgewandelt werden. Man nennt das Entgeltumwandlung. Dazu muss der Arbeitgeber spätestens ab 2022 einen Arbeitgeberzuschuss von 15 Prozent des umgewandelten Gehalts zusätzlich an den Anbieter der betrieblichen Altersvorsorge abführen. Das soll dazu führen, dass die betriebliche Zusatzversorgung attraktiver wird. Bislang wird diese Form der zusätzlichen Altersversorgung noch zu wenig genutzt, obwohl absehbar ist, dass die gesetzliche Rente allein in Zukunft wohl in vielen Fällen für einen angemessenen Lebensunterhalt nicht reichen wird.

10.3 FORMEN DER BETRIEBLICHEN ALTERSVORSORGE

Für die betriebliche Altersvorsorge gibt es im vorgegebenen gesetzlichen Rahmen mehrere Möglichkeiten. Sie kann als sogenannte Direktzusage erfolgen, das heißt, der Arbeitgeber erbringt die Leistungen für den Arbeitnehmer aus der betrieblichen Altersversorgung selbst und sichert dieses Leistungsversprechen mit einer Rückdeckungsversicherung ab. Es besteht eine Beitragspflicht zum Pensionssicherungsverein, damit die Ansprüche auch bei Insolvenz des Arbeitgebers bestehen bleiben. Diese Art der Zusatzvorsorge findet sich häufig bei größeren Unternehmen.

Als weitere Art kann die betriebliche Altersvorsorge auch durch Verträge mit selbstständigen Versorgungsunternehmen gewährleistet werden. In der Regel sind das Versicherungsunternehmen.

Dazu gehören auch die Unterstützungskassen, die eine solche Form der betrieblichen Altersvorsorge darstellen. Sie sind ebenfalls beitragspflichtig im Pensionssicherungsverein. Alternativ kann sich der Arbeitgeber zur betrieblichen Altersversorgung einer Pensionskasse bedienen, auch das ist ein selbstständiges Versicherungsunternehmen. Eine weitere Variante ist die sogenannte Direktversicherung, die der Arbeitgeber mit einer Versicherungsgesellschaft abschließt. Alle größeren Versicherungsgesellschaften bieten eine solche Form der betrieblichen Alterszusatzversorgung an. Die Konditionen und Renditen sind jedoch höchst unterschiedlich.

Pensionsfonds als weitere Möglichkeit zur betrieblichen Altersvorsorge lassen eine hohe Aktienquote zu. Die hier eingezahlten Beiträge sind steuerlich gedeckelt (§ 3 Nr. 63 Einkommensteuergesetz). Damit kann sich der Pensionsfonds im Einzelfall wiederum als Zusatzvorsorge lohnen.

Als zusätzliche Vorsorge lohnt sich in vielen Fällen eine betriebliche Altersversorgung. Sie ist ein weiterer Baustein der regulären Altersvorsorge, eignet sich jedoch nicht oder nur sehr eingeschränkt für unser Ziel, früher mit mehr Geld in Rente zu gehen.

10.4 DIREKTVERSICHERUNG ALS TEIL DER BETRIEBLICHEN ALTERSVORSORGE

Der häufigste Weg, der zur betrieblichen Altersvorsorge beschritten wird, ist der Abschluss einer Direktversicherung. Diesen Weg wollen wir uns noch einmal etwas genauer ansehen, da eine Direktversicherung im Prinzip genauso funktioniert wie eine rein private Rentenversicherung.

Direktversicherungen werden häufig von kleinen und mittelständischen Betrieben als betriebliche Alterszusatzversorgung angeboten. Es sind damit in der Regel fondsgebundene Lebens- oder Rentenversicherungen, bei denen der Versicherer einen Teil der monatlichen Sparbeiträge in Aktienfonds investiert. Genauso kennen wir es von privaten Renten- und Lebensversicherungen. Im Prinzip bestünde auch die Möglichkeit, klassische, also nicht-fondsgebundene Versicherungen abzuschließen. Da der Garantiezins bei solchen klassischen Renten- und Lebensversicherungen mittlerweile aber sehr gering ist, werden solche Modelle in der Regel nur noch als fondsbasierte Modelle angeboten.

Im Unterschied zu einer privat abgeschlossenen Rentenversicherung schließt allerdings bei einer Direktversicherung der Arbeitgeber die Verträge für seinen Arbeitnehmer ab. Der Arbeitnehmer ist als bezugsberechtigte Person eingetragen, hat also Anspruch auf die Versicherungsleistung. Manchmal gewährt die Versicherungsgesellschaft aufgrund der Vielzahl der Verträge, die abgeschlossen werden, Vergünstigungen oder bessere Konditionen. Der Arbeitgeber entscheidet, welchen Anbieter er wählt. Daher ist auch hier die betriebliche Altersversorgung oft nicht so rentabel, wie sich viele das erhoffen. Ob sich eine betriebliche Altersversorgung im Ergebnis lohnt, hängt neben den steuerlichen Vorteilen davon ab, ob der Arbeitgeber sie bezuschusst oder nicht.

Beispiel: Ein- und Auszahlungen bei einer Direktversicherung
Für 180 Euro Beitrag in die bAV müssen Sie vom Nettogehalt unter bestimmten Voraussetzungen nur ca. 100 Euro vom Nettolohn aufwenden. Sie bekommen dann eine lebenslange Rente in Höhe von ca. 100 bis 105 Euro, wenn Sie mit den Einzahlungen ab dem 28. Lebensjahr beginnen und die Verzinsung bei ca. 2 Prozent pro Jahr liegt.

Näheres über Verzinsung und Vermögensbildung können Sie den Renten- und Spartabellen im Anhang zu diesem Buch entnehmen.

Nur 8 Prozent der Rentner erhalten laut Alterssicherungsbericht[20] Bezüge aus Betriebsrenten, 8 Prozent aus privaten Verträgen. Viel zu wenig, wie wir bereits festgestellt haben.

Fazit

- Die betriebliche Altersvorsorge ist ein zusätzlicher Weg zu mehr Renteneinkünften.
- Zum Teil kann oder muss der Arbeitgeber Zuschüsse zahlen.
- Die betriebliche Altersvorsorge wird gefördert, indem die Einzahlungen bis zu einer bestimmten Höchstgrenze steuer- und sozialversicherungsfrei bleiben.

11. RIESTER-VERTRÄGE

Neben der betrieblichen Altersvorsorge ist die Riester-Rente eine weitere Möglichkeit, eine privat angesparte Zusatzrente mit staatlicher Förderung zu bekommen. Diese Rente bekommen Sie dann frühestens mit 60 Jahren ausgezahlt (bei Abschluss ab dem Jahr 2012 frühestens mit 62 Jahren). Die Auszahlung erfolgt zusätzlich zur gesetzlichen Rente. Wer jährlich bis zu 4 Prozent seines Bruttoeinkommens (maximal 2.100 Euro) in einen Riester-Vertrag einzahlt, profitiert von Zulagen für sich und seine Kinder oder möglicherweise alternativ von einem Steuervorteil.

Unmittelbar förderberechtigt sind alle, die gesetzlich rentenversichert oder verbeamtet sind. Mittelbar förderberechtigt sind Personen, die mit jemandem verheiratet sind, der die Fördervoraussetzungen erfüllt und selbst einen Riester-Vertrag abgeschlossen hat: Beide Ehepartner haben dann Anspruch auf Zulagen oder Steuervergünstigungen.

Diese Zulagen gewährt der Staat: Riester-Verträge werden mit einer Grundzulage von 175 Euro pro Jahr bezuschusst. Für jedes Kind, für das Kindergeldberechtigung besteht, gewährt er außerdem eine Kinderzulage von 185 Euro. Kinder, die erst 2008 oder später geboren sind, bringen sogar eine Kinderzulage von 300 €. Die Kinderzulagen machen Riester-Verträge für Eltern umso attraktiver, je mehr Nachwuchs sie haben. Sie müssen sich allerdings entscheiden, wessen Riester-Vertrag die Kinderzulagen gutgeschrieben werden – dem des Vaters oder dem der Mutter.

Statt der Zulagen kann der gewährte Steuervorteil sogar noch größere Vorteile bringen. Denn die Einzahlungen in einen Riester-Vertrag mindern mitsamt Zulagen als Sonderausgaben die einkommensteuerpflichtigen Einkünfte, was sich besonders bei Besserverdienenden positiv bemerkbar macht.

Was günstiger ist – Zulagen oder steuerliche Geltendmachung als Sonderausgaben –, prüft das Finanzamt im Rahmen der Veranlagung zur Einkommensteuer. Ist die Steuerersparnis größer als die erhaltenen Zulagen, wird der Steuervorteil gewährt und im Gegenzug erhöht sich das zu versteuernde Einkommen um die Zulagen.

Riester-Verträge werden in mehreren Formen angeboten, so zum Beispiel als

- Fondssparplan
- Banksparplan
- Rentenversicherung
- Bausparvertrag oder
- Wohn-Riester (Tilgungszuschuss zu einem Darlehen, mit dem eine selbstgenutzte Immobilie finanziert wird)

Fazit

Riester-Verträge sind oft sehr renditeschwach und verursachen beim Anbieter hohe Kosten. Ein Riester-Vertrag lohnt sich nur für Menschen, die einen Großteil der staatlichen Förderung in Anspruch nehmen können, sprich Kinderreiche oder Gutverdiener mit hohem Steuersatz. Ein Riester-Vertrag ersetzt nicht die sonstige private Altersvorsorge.

12. RÜRUP-RENTE

Prinzipiell kann in Deutschland jeder eine Rürup-Rente, auch Basis-Rente genannt, abschließen, doch richtet sich diese Form der staatlich geförderten Altersvorsorge vor allem an Selbstständige, die nicht in die gesetzliche Rentenkasse oder ein Versorgungswerk einzahlen und keinen Anspruch auf eine Betriebsrente haben. Dennoch können natürlich auch Angestellte und Beamte einen Rürup-Vertrag abschließen, was speziell bei Menschen eine Überlegung wert ist, die gut verdienen und daher hohe Einkommensteuersätze haben.

Denn die staatliche Förderung beschränkt sich ausschließlich auf eine Steuerbefreiung für die eingezahlten Beträge, Zuschüsse werden keine gezahlt. Es gibt bestimmte Höchstbeträge, die steuerlich als Sonderausgaben im jeweiligen Einzahlungsjahr berücksichtigt werden können. Bis 2014 lagen diese fix bei 20.000 Euro für Alleinstehende bzw. 40.000 Euro für zusammen veranlagte Ehepaare. Seit 2015 sind die Einzahlungsgrenzen höher und ändern sich jährlich. Sie sind an den Höchstbetrag der knappschaftlichen Rentenversicherung gekoppelt und liegen 2020 bei 22.541 Euro bei Alleinstehenden und 45.082 Euro bei Ehepaaren.

Erst ab 2025 sind allerdings die vollen Beiträge bis zu dieser Höhe steuerlich absetzbar, vorher sind es weniger – 2020 nur 90 Prozent. Stufenweise erhöht sich aber die Absetzbarkeit. Im Gegenzug erhöht sich aber auch der Anteil der späteren Rentenauszahlung, die dann steuerpflichtig ist. Wie die Sätze jeweils aussehen, zeigt Ihnen Tabelle 12, die sich beispielhaft auf eine jährliche Einzahlung von 20.000 Euro bezieht.

Tabelle 12: Steuerliche Abziehbarkeit der Einzahlungen in eine Rürup-Rente (Beispiel: Einzahlung beläuft sich auf 20.000 Euro pro Jahr)

Jahr der Einzahlung	Anteil, der als Sonderausgabe steuerlich absetzbar ist	Betrag, der als Sonderausgabe steuerlich absetzbar ist
2019	88 %	17.600 Euro
2020	90 %	18.000 Euro
2021	92 %	18.400 Euro
2022	94 %	18.800 Euro
2023	96 %	19.200 Euro
2024	98 %	19.600 Euro
2025	100 %	20.000 Euro

Im Gegenzug sind die Auszahlungen, sprich die Renten aus einem Rürup-Vertrag ebenfalls in zunehmendem Maße steuerpflichtig. Welcher Anteil der Auszahlung versteuert werden muss, hängt vom Rentenbeginn ab, wie Tabelle 13 zeigt.

Tabelle 13: Welcher Anteil einer erhaltenen Rürup-Rente steuerpflichtig ist

Jahr des Rentenbeginns	Steuerpflichtiger Anteil der Rürup-Rente
2020	80 %
2021	81 %
2022	82 %
2023	83 %
2024	84 %
2025	85 %
...	
2040	100 %

Rürup-Verträge gibt es als

- Rentenversicherungen
- Fondssparpläne

Die staatliche Förderung fällt allerdings im Vergleich zur Riester-Förderung geringer aus.

13. VERSORGUNGSWERKRENTEN UND PENSIONEN

Für bestimmte Berufsgruppen gibt es ganz spezielle Möglichkeiten zur Altersvorsorge. Das sind zum einen Freiberufler wie Ärzte, Rechtsanwälte oder Architekten und zum anderen Beamte und Richter. Auf diese Berufsgruppen zielen die Ausführungen in diesem Kapitel ab.

13.1 VERSORGUNGSWERKRENTEN

Neben der gesetzlichen Rentenversicherung gibt es noch die berufsständischen Versorgungswerke für Freiberufler wie etwa Ärzte, Zahnärzte, Tierärzte, Rechtsanwälte, Steuerberater oder Architekten. Versorgungswerke zahlen die Alters-, Invaliditäts- und Hinterbliebenenrente für diese Freiberufler. Sie wurden gegründet, da selbstständige Freiberufler häufig trotz gutem Verdienst keine oder nur eine unzureichende private Altersversorgung aufgebaut haben.

Auch mein Onkel war selbstständig, aber er hat vorgesorgt, und zwar ausreichend. Aufgrund seines Alters war er nicht Mitglied in einem Versorgungswerk. Aber viele haben das anders gehalten und zahlten Beiträge in ihr jeweiliges berufsständisches Versorgungswerk ein beziehungsweise wurden dort Mitglied. In ein Versorgungswerk eintreten müssen daher mittlerweile alle Ärzte (auch Zahn- und Tierärzte), Apotheker, Architekten, Notare, Rechtsanwälte, Steuerberater, Wirtschaftsprüfer, vereidigte Buchprüfer, Ingenieure und Psychotherapeuten, die Mitglied in einer der entsprechenden Kammern sind. Als Mitglieder eines Versorgungswerks können sie sich dann von der gesetzlichen Rentenversicherungspflicht befreien lassen.

Die Beiträge werden von dem jeweiligen regionalen Versorgungswerk festgesetzt und sind oftmals sehr unterschiedlich hoch. Die Renten aus einem solchen Versorgungswerk sind allerdings derzeit oft noch wesentlich höher als die gesetzliche Rente der Deutschen Rentenversicherung. Denn die Versorgungswerke legen das Kapital jedes einzelnen Mitglieds an und zahlen die Rente aus dem Kapital und den erzielten Renditen.

Es gilt derzeit in den meisten Versorgungswerken noch kein Generationenmodell (Umlageverfahren) wie in der Deutschen Rentenversicherung. Das bedeutet, dass die Versorgungswerke die gezahlten Beiträge für kommende Rentner zurücklegen und verzinsen, um diese später auszuzahlen. Um der anhaltenden Niedrigzinsphase entgegenzuwirken und die Renten zu sichern, verfolgen die einzelnen Versorgungswerke unterschiedliche Strategien. Einige investieren stärker in Aktienfonds, andere bauen ihre Immobilieninvestitionen aus. Versorgungswerke bauen Rücklagen auf, um den länger anhaltenden Niedrigzinsen zu begegnen. Dennoch könnte es passieren, dass die Renten in Zukunft niedriger ausfallen oder das Modell der Kapitalbildung auch in ein Umlageverfahren überführt wird. Dazu bedarf es dann einer Satzungsänderung im jeweiligen Versorgungswerk. Einige Versorgungswerke beschäftigen sich schon konkret mit dieser Möglichkeit.

Mittlerweile besteht in der Regel für die genannten Berufe die Pflicht, in das jeweilige Versorgungswerk einzutreten. Mit der Aufnahme in die jeweilige Kammer vollzieht sich der Eintritt in das Versorgungswerk dann automatisch.

13.2. PENSIONEN

Beamte und Richter bekommen keine Rente. Sie müssen auch keine Rentenbeiträge zahlen von ihrem Einkommen, sondern sie bekommen Pensionen vom Staat. Diese Pensionen sind derzeit noch vergleichsweise hoch. Die Höhe richtet sich nach dem letzten Gehalt. Vorläufig garantiert der Staat diese üppige Altersversorgung auch weiterhin. Ob dies allerdings bei steigenden Ausgaben für den Haushalt sowohl auf Kommunal- als auch auf Länder- und Bundesebene, aber auch auf Europaebene dauerhaft möglich sein wird, steht in den Sternen. Die Pensionslasten der öffentlichen Hand belaufen sich auf astronomische Summen. Es ist nur eine Frage der Zeit, bis sie gekürzt werden. Wer als Beamter oder Richter früher in Pension gehen will und keine Erwerbsminderung geltend machen kann, muss entsprechend privat vorsorgen.

14. ZWISCHENBILANZ

Bevor wir zum nächsten Teil unseres Buches kommen, möchte ich eine kurze Zwischenbilanz ziehen. Wir haben uns die Möglichkeiten und das System der gesetzlichen Altersversorgung in Deutschland angesehen. Wir haben uns auch die demografischen Entwicklungen der Bevölkerungsstruktur in Deutschland angesehen. Vieles deutet darauf hin, dass unsere Ruhestandsbezüge nicht so stabil und sicher sind, wie viele Menschen derzeit noch vermuten.

Wir haben aber auch gesehen, dass es eine ganze Reihe von Möglichkeiten gibt, die eigene Rente zu optimieren oder auch etwas früher in den Ruhestand zu gehen. Diese Möglichkeiten sind allerdings stark eingeschränkt, trotz verschiedener Flexibilisierungsversuche.

Der Nutzen einer Rentenversicherung, unabhängig davon, ob gesetzlich oder privat, ist die feste finanzielle Absicherung im Alter. Während der Arbeitsphase werden Beträge angespart, die später monatlich ausgezahlt werden. So wird die Zeit nach dem Erwerbsleben finanziell abgesichert und Sie können unbeschwert Ihren Lebensabend genießen.

Neben der Altersrente, die sicherlich die häufigste Rentenform ist, existieren auch Renten bei Erwerbsminderung und Berufsunfähigkeit sowie Renten, die im Todesfall an die Hinterbliebenen fließen. Es zeigen sich jedoch deutliche Unterschiede zwischen der gesetzlichen und einer privaten Rentenversicherung.

Der Beitrag zur gesetzlichen Rentenversicherung ist Bestandteil einer jeden Lohnabrechnung. Während der Erwerbstätigkeit zahlen die Arbeitnehmer in die Sozialversicherung ein. Durch die Beiträge werden die Renten der aktuellen Rentner finanziert, so funktioniert das Generationenmodell. Sobald ein heutiger Arbeitnehmer ins Rentenalter kommt, wird dessen Rente von der jüngeren Generation, also von denjenigen Arbeitnehmern getragen, die zu diesem Zeitpunkt erwerbstätig sind. Der Beitragssatz zur Rentenversicherung beträgt seit Januar 2018 bis heute 18,6 Prozent des Einkommens (vgl. §§ 158 ff. SGB VI). Dieser Satz wird vom Arbeitgeber und Arbeitnehmer jeweils zur Hälfte getragen.

Freiwillige Rentenversicherte müssen den Beitrag jedoch zu 100 Prozent allein aufbringen. Aufgrund des demografischen Wandels wird die gesetzliche Rente immer weniger und das Regelrenteneintrittsalter steigt, weswegen zusätzlich private Altersvorsorge betrieben werden sollte.

Zusätzlich zu der gesetzlichen Rentenversicherung ist es möglich, Vorsorge in Form einer privaten Rentenversicherung zu betreiben. Die Kombination aus einer gesetzlichen und einer privaten Altersvorsorge macht ein abgesichertes Rentendasein möglich.

Gegenüber der starren gesetzlichen Rentenversicherung hat die private Rentenversicherung den Vorteil, variabel zu sein. Es gibt zum einen die sogenannte Riester-Rente und zum anderen eine breite Palette weiterer privater Formen der Rentenversicherung. Daneben kann auch ein allgemeiner Vermögensaufbau betrieben werden, der dann Erträge für das Alter abwirft, beispielsweise bei Immobilien in Form von Mieten oder bei einem angesparten Vermögen die Kapitalerträge. Dabei kann im Alter auch ein Teil oder sogar im Laufe der Zeit das gesamte angesparte Kapital für die Rente verwendet werden, man spricht hier vom sogenannten Kapitalverzehr.

Eine Riester-Rente kann bei verschiedenen Kreditinstituten oder Versicherungen abgeschlossen werden. Hier kommt zusätzlich zu dem eigenen Beitrag eine staatliche Förderung hinzu. Dieser Förderanteil liegt bei den meisten Arbeitnehmern bei 30 bis 60 Prozent. Er berechnet sich aus einer jährlichen Grundzulage vom Staat, den Zulagen für Kinder oder alternativ einer sogar noch höheren Steuererstattung aus dem Sonderausgabenabzug bei der Einkommensteuer. Förderfähig sind maximal 4 Prozent des Einkommens. Die Vorteile der Riester-Rente liegen in den Zulagen oder Steuervorteilen. Im Falle einer nicht vollständig erfolgten Auszahlung im Rentenalter aufgrund eines frühen Todes werden die noch offenen Leistungen Teil der

Erbmasse. Riesteransprüche können allerdings nur auf den Ehegatten vererbt werden, und auch das setzt das Vorhandensein oder den Neuabschluss eines eigenen Riester-Vertrags voraus.

Als private Form der Altersabsicherung gibt es viele Modelle, die nicht staatlich gefördert werden. Dazu zählen kapitalbildende Lebensversicherungen, klassische private Rentenversicherungen oder fondsgebundene Produkte. Dazu kommt die betriebliche Altersvorsorge, die insofern gefördert ist, als die Einzahlungen bis zu bestimmten Höchstgrenzen steuer- und sozialversicherungsfrei bleiben.

Aus der Vielzahl der Möglichkeiten muss jeder Arbeitnehmer, aber auch jeder Selbstständige, Gewerbetreibende, Beamte, Richter und auch Nicht-Erwerbstätige das für ihn im Einzelfall günstigste Modell auswählen, das idealerweise zu seiner persönlichen konkreten Lebenssituation und zu seinem Lebensziel passt. Hierbei sind auch die jeweiligen Interessen und Kenntnisse zu berücksichtigen. So stellt beispielsweise ein fondsgebundenes Altersvorsorgeprodukt für einen in dieser Hinsicht interessierten Menschen ein deutlich einfacheres Modell dar als für jemanden, der sich bisher wenig oder gar nicht mit Investmentfonds beschäftigt hat.

Ich bin kein Anlageberater, sondern Steuer- und Rentenexperte. In diesem Buch werde ich Ihnen deshalb auch keine Anlagetipps aussprechen oder konkrete Empfehlungen für den Vermögensaufbau geben.

Um früher mit mehr Geld in Rente zu gehen, müssen Sie Kenntnisse über das Rentensystem haben und wissen, was auf Sie zukommt. Daneben stelle ich Ihnen Möglichkeiten vor, wie Sie vergleichsweise sicher Vermögen für das Alter aufbauen können.

Der Rest liegt an Ihnen selbst. Sie sollten einerseits die Disziplin aufbringen, ausreichend privat vorzusorgen, und sich andererseits mit den gängigen Möglichkeiten des Vermögensaufbaus vertraut machen. Mit diesen Möglichkeiten wollen wir uns im zweiten Teil meines Buches beschäftigen.

Mit den konkret am Markt angebotenen Anlageprodukten selbst müssen Sie sich jedoch auseinandersetzen und die richtigen Entscheidungen treffen. Denn gerade in der Vermögensanlage vergeht die Zeit rasend schnell. Also bauen Sie auf innovative Klassiker und beherzigen Sie die Regeln, die ich Ihnen gebe. Dann klappt es auch mit dem Ziel, früher mit mehr Geld in Rente zu gehen.

Auch wenn es mein Vorsorge-Onkel seinerzeit einfacher hatte: Auch heute ist es nach wie vor möglich, ausreichend Vermögen für das Alter und einen vorgezogenen Ruhestand aufzubauen. Darum beschäftigen wir uns zunächst einmal mit den besten Tipps und den schlimmsten Fehlern bei der Altersvorsorge.

Noch ein Hinweis: Derzeit erhalten nur 9 Prozent der Rentner Bezüge aus einer privaten Rentenversicherung. Das ist viel zu wenig. Viel zu viele Menschen verlassen sich auf die gesetzliche Rentenversicherung. Für unser Ziel, vorzeitig mit mehr Geld in Rente zu gehen, ist die private Vorsorge sowieso unerlässlich. Aber sie tut auch not für jeden Rentner und möglicherweise irgendwann auch für die zukünftigen Pensionäre.

Grundsätzlich kann die Altersvorsorge auf drei Säulen gestellt werden. Mit diesen drei Säulen können Sie Ihre Vorsorge abdecken, zwei davon, die gesetzliche und die betriebliche Altersvorsorge, haben Sie bereits intensiver kennengelernt. Wenn Sie jedoch früher mit mehr Geld in Rente wollen, dann müssen Sie auf die dritte Säule, den privaten Vorsorgeteil, den Schwerpunkt setzen. Um diesen dritten Säulenteil geht es im zweiten Teil meines Buches.

Die drei Säulen:

- Gesetzliche Rentenversicherung, berufsständische Versorgungswerke und die Rürup-Rente.
- Staatlich geförderte Vorsorge, Verträge der betrieblichen Altersvorsorge und Riester-Verträge.
- Private Vorsorge, wie z.B. Lebens- oder Rentenversicherungen, Fonds, Sparpläne, aber auch Immobilien und sonstiger langfristiger Vermögensaufbau.

Altersvorsorge sollte auf mehrere Säulen gestützt sein:

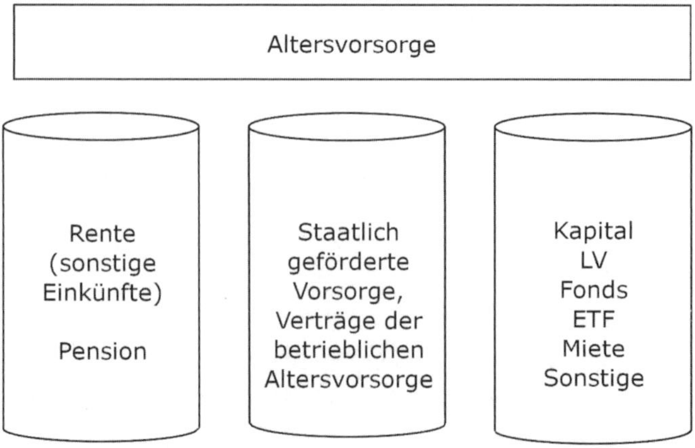

Abbildung 5: Das Drei-Säulen-Modell der Altersvorsorge

Fazit

Sie haben gesehen, wie es um die gesetzliche Altersvorsorge steht. Rentner müssen mit einem erheblich sinkenden Rentenniveau rechnen. Und auch Pensionäre können nicht sicher sein, dass ihre Pensionsansprüche ungekürzt bleiben, wenn der Staat diese Verpflichtungen nicht mehr tragen kann. Insoweit kann ich nur jedem empfehlen, während des Erwerbslebens ausreichend Geld auf die hohe Kante zu legen, um fürs Alter vorzusorgen. Gehen Sie das strategisch richtig an, dann können Sie früher mit mehr Geld in Rente gehen und sind dabei völlig unabhängig von den gesetzlichen Voraussetzungen für einen bezahlten Ruhestand.

Sie müssen nur rechtzeitig anfangen und die richtigen Formen einer privaten Vorsorge wählen. Im nachfolgenden Teil des Buches gebe ich Ihnen wertvolle Tipps, wie Sie strategisch richtig vorsorgen, um wirklich früher mit mehr Geld in Rente gehen zu können. Genauso, wie es mein Onkel, Gott hab ihn selig, seinerzeit getan hat. Hier gilt allerdings die Einschränkung, dass langfristig angelegte Festgelder heute nicht mehr genug Zinsen abwerfen und daher alternative, aber trotzdem sichere Anlagen nötig sind.

15. DIE BESTEN TIPPS FÜR EINE GUTE VORSORGE

Wenn Sie mit privatem Vermögen die Rente mit 50 finanzieren möchten und sich fragen, welches Vermögen dazu nötig ist, können Sie sich an folgender Beispielrechnung orientieren: Wer bei einer Lebenserwartung von 85 Jahren auf ein monatliches Budget von 1.000 Euro zurückgreifen möchte, benötigt eine Ersparnis von insgesamt 420.000 Euro – ungeachtet eventueller weiterer Einkünfte. Bei einer Lebenserwartung von 90 Jahren sind bereits 480.000 Euro nötig. Berücksichtigt man eine Kapitalverzinsung von zum Beispiel 2 Prozent, liegt das verbrauchte Kapital bei diesem letzten Beispiel bei immerhin noch 330.000 Euro.

15.1 VERSCHAFFEN SIE SICH KLARHEIT ÜBER DIE RENTENHÖHE

Bevor Sie mit der Planung Ihrer Altersvorsorge beginnen und überlegen, was Sie tun müssen, um früher mit mehr Geld in Rente gehen zu können, müssen Sie erst einmal den Status quo feststellen. Was für Ansprüche haben Sie im Alter derzeit schon erworben?

Um Ihre gesetzlichen Rentenansprüche festzustellen, bekommen Sie regelmäßig von der Deutschen Rentenversicherung eine Mitteilung über Ihre Rentenhöhe. Darin ist festgehalten, welche Rente Sie bekommen werden, wenn Ihr Einkommen im Rahmen Ihrer Erwerbstätigkeit bis zum Erreichen der Regelaltersgrenze weiterhin gleich bleibt.

Im Zweifel empfiehlt sich außerdem eine Kontenklärung bei der Deutschen Rentenversicherung. Diese Kontenklärung stellt fest, welche Beitragszeiten Sie haben und in welcher Höhe Sie Rentenentgeltpunkte erworben haben. Fehlen Zeiten, in denen Sie rentenversicherungspflichtig beschäftigt waren, können Sie die entsprechenden Nachweise erbringen. Die entsprechenden „Meldebescheinigungen zur Sozialversicherung" müssten Sie von Ihrem damaligen Arbeitgeber erhalten haben. Anrechenbare Schul- und Studienzeiten weisen Sie über die entsprechenden Bescheinigungen Ihrer Schule(n) und ggf. Hochschule(n) nach. Dann werden auch die entsprechenden Zeiten und Entgeltpunkte im Zusammenhang mit Ihrem Namen und Ihrer Sozialversicherungsnummer gespeichert. Sie als Rentner sind verpflichtet, im Zweifel die fehlenden Zeiten nachzuweisen.

15.2 BERÜCKSICHTIGEN SIE DEN VERLUST DER KAUFKRAFT

Berücksichtigen Sie den Verlust der Kaufkraft in Ihrer Bedarfskalkulation. Um Ihren Lebensstandard zu halten, müssen Sie berücksichtigen, dass Kaufkraft über die Inflation verloren geht. Es ist nicht ausreichend, wenn Sie im Rentenalter einen Prozentsatz in der Höhe Ihres derzeitigen Haushaltseinkommens beziehen, der Ihren Lebensstandard sichert, sondern Sie müssen den zukünftigen Kaufkraftverlust berücksichtigen und Ihren Bedarf in dieser Höhe erhöhen.

Beispiel

Haben Sie heute pro Monat 1.000 Euro zur Verfügung, so können Sie mit diesen 1.000 Euro in 35 Jahren nur noch Waren im Wert von 600 Euro kaufen, wenn die Inflationsrate jährlich 3 Prozent beträgt. Wie hoch der Kaufkraftverlust bei verschiedenen Inflationsraten und Laufzeiten ausfällt, das können Sie über einschlägige Inflationsrechner im Internet sehr leicht selbst ermitteln, zum Beispiel auf der Website: www.zinsen-berechnen.de

15.3 FANGEN SIE FRÜHZEITIG AN, PRIVAT VORZUSORGEN

Sie sollten so früh wie möglich mit der Vorsorge anfangen. Legen Sie also möglichst bald Geld auf die hohe Kante, am besten in monatlichen Raten.

Fangen Sie zum Beispiel mit 30 Jahren an, jeden Monat 350 Euro anzusparen. Angenommen, Sie legen diesen Betrag im Rahmen einer Dachfondsanlage an und erwirtschaften nach Abzug aller Kosten und der Inflation eine Rendite von 1,5 Prozent. Dann haben Sie nach 30 Jahren bei jährlicher Verzinsung ein Guthaben von 158.943 Euro. Daraus lässt sich eine Rentenzahlung von 500 bis 600 Euro oder sogar mehr monatlich als zusätzliche Rente generieren. Bei höherer Rendite steigt die Rente entsprechend.

15.4 STREUEN SIE IHRE VERMÖGENSANLAGEN

Verteilen Sie Ihre Vorsorgebeiträge auf möglichst viele verschiedene Anlagemodelle. Setzen Sie nicht alles auf eine Karte, sondern streuen Sie. Teilen Sie die Geldanlage auf verschiedene Arten der Vorsorge und innerhalb der einzelnen Anlagearten auf verschiedene Produkte auf. So streuen Sie das Risiko und erzielen eine nachhaltige Durchschnittsrendite und damit eine entsprechende Rente, die unabhängig ist davon, wie sich einzelne Vermögenssparten und Anlageprodukte entwickeln.

15.5 SICHERN SIE SICH EINE BETRIEBSRENTE

Für Arbeitnehmer bieten Arbeitgeber betriebliche Altersvorsorgen an. Diese werden während der Einzahlungsphase zum Teil staatlich durch eine Befreiung von Steuern und Sozialversicherungen gefördert, wie in Kapitel 10 bereits geschildert wurde. Auch dies kann Ihnen eine flexible zusätzliche Rente sichern.

15.6 NEHMEN SIE STAATLICHE FÖRDERUNGEN IN ANSPRUCH

Daneben sollten Sie darüber nachdenken, staatliche Förderungen mitzunehmen. Die beiden wichtigsten staatlich geförderten Altersvorsorgeformen haben Sie bereits kennengelernt. Es handelt sich um

- die Riester-Rente, bei der Sie von staatlichen Zulagen oder Steuerbefreiungen profitieren (vgl. Kapitel 11).
- die Rürup-Rente, die vor allem Selbstständigen und besserverdienenden Angestellten bzw. Beamten eine attraktive Steuerersparnis ermöglicht.

Auch wenn die Riester- und Rürup-Renten auf den ersten Blick attraktiv erscheinen, sind sie gemeinhin umstritten. Oftmals wird die Riester-Rente als ineffizient bezeichnet. Gerade in der Niedrigzinsphase erweist sich die Riester-Rente nach Meinung vieler Experten als nicht sinnvoll. Oftmals sind die Kosten der Verträge sehr hoch, sodass diese die schon geringe Rendite noch weiter schmälern. Viele behaupten, ohne staatliche Förderung würde sich ein solcher Vertrag erst recht nicht lohnen. Stattdessen sollten andere Formen der privaten Altersvorsorge gefördert werden.

Lassen Sie sich am besten ausführlich beraten, bevor Sie sich für eine staatlich geförderte Anlageform entscheiden, zumal auch die Auflagen hoch sind und Sie nicht ohne Weiteres vor dem 60. beziehungsweise 62. Lebensjahr an Ihr Geld kommen, ohne die gesamte erhaltene Förderung auf einen Schlag zurückzahlen zu müssen. Ihr Steuerberater hilft Ihnen dabei zu entscheiden, ob ein Riester- oder Rürup-Vertrag für Sie infrage kommt.

15.7 KAUFEN SIE IMMOBILIEN

Altersvorsorge kann auch mithilfe von Immobilien geschehen. Sowohl die vermietete als auch die selbstgenutzte Immobilie stellen eine Vorsorge da. Die Zinsen sind derzeit niedrig, sodass sich das Investment in gute Immobilien womöglich lohnt. Allerdings erscheinen die Preise in einigen guten Lagen aufgrund des niedrigen Zinsniveaus „überhitzt". Hier ist sicherlich Vorsicht geboten, um nicht überteuert zu kaufen.

15.8 NUTZEN SIE FONDS UND ETFS, UM LANGFRISTIG HÖHERE RENDITEN ZU ERZIELEN

Mit Fonds und ETFs lassen sich höhere Renditen erzielen als mit Festgeldern und Sparguthaben, auf die Sie keine Zinsen erhalten und die sogar das Risiko von Strafzinsen mit sich bringen. Investmentfonds und ETFs (Exchange Traded Funds, eine besonders kostengünstige, rein börsengehandelte Fondsvariante, die einfach nur einen Index nachbildet und daher nicht aktiv gemanagt werden muss) bieten auch die Möglichkeit, mithilfe von Sparplänen mit kleineren regelmäßigen Raten nach und nach ein Vermögen aufzubauen.

Festgelder, wie sie mein Vorsorge-Onkel gerne und bequem und seinerzeit auch mit Erfolg nutzte, funktionieren in diesen Zeiten leider nicht mehr so wie früher. Auch mein Onkel würde heutzutage auf Fonds und ETFs setzen, denn das wäre genau sein Ding gewesen.

15.9 RÜHREN SIE BEREITS ANGESPARTES VORSORGEVERMÖGEN MÖGLICHST NICHT AN

Kündigen Sie laufende Verträge zur Altersvorsorge nicht und behalten Sie diese in jedem Fall bei. Auch bei besonderen Wünschen oder in außergewöhnlichen Situationen, wie zum Beispiel Arbeitslosigkeit, einer längeren Krankheit, der Geburt von Kindern oder nach einer Scheidung, sollte es stets tabu sein, die eigene Altersvorsorge anzurühren. Bei Kündigungen geht viel Geld verloren. Zinsen werden nicht gezahlt und hohe Verwaltungs- beziehungsweise Stornogebühren werden fällig. Beim Verkauf von Fonds und Aktien kann es passieren, diese gerade zu einem ungünstigen Zeitpunkt mit hohen Verlusten verkaufen zu müssen. Also Finger weg, wenn es nicht wirklich existenziell notwendig sein sollte!

15.10 SCHÖPFEN SIE DIE MÖGLICHKEITEN AUS, DIE GESETZLICHE UND BETRIEBLICHE RENTE ZU ERHÖHEN

Nutzen Sie die (begrenzten) Möglichkeiten, die Ihnen das Altersteilzeitgesetz und das Flexirentengesetz bieten. Leisten Sie Sondereinzahlungen in die gesetzliche Rentenversicherung und nutzen Sie die steuerlichen Vorteile und die möglichen Arbeitgeberzuschüsse bei der betrieblichen Altersvorsorge.

Alles zusammengenommen führt zu einem guten Mix und einer ordentlichen Zusatzversorgung. Damit sind Sie Ihrem Ziel, früher mit mehr Geld in Rente zu gehen, schon einen wesentlichen Schritt nähergekommen.

TEIL II: PRIVATE VORSORGE

16. PRIVATE ALTERSVORSORGE – RECHNERISCHE GRUNDLAGEN

Im zweiten Teil meines Buches wollen wir uns einmal mit der privaten Altersvorsorge, mit dem Vermögensaufbau beschäftigen, um unser Ziel zu erreichen, früher mit mehr Geld in Rente zu gehen, wie es mein Onkel immer formuliert hat.

Wir haben festgestellt, dass die gesetzliche Rente in den kommenden Jahrzehnten immer weniger zum Leben reichen wird. Nehmen wir mal an, im Rentenalter benötigen wir nicht mehr ganz so viel wie aktuell. Sie sollten aber davon ausgehen, mindestens 80 Prozent Ihres ursprünglichen Nettogehalts zu benötigen, um den gewohnten Lebensstandard zu halten.

Jetzt stellt sich natürlich die Frage, welches Vorsorgemodell das richtige ist. Diese Frage lässt sich nicht generell beantworten. Es kommt also auf den Einzelfall an. Sie sollten sich ansehen, welche Möglichkeiten Sie mit Ihrem Nettogehalt haben, und prüfen, was der sich stetig wandelnde Markt jeweils hergibt.

Welche Sparform die beste ist, hängt stark von Ihrer finanziellen Situation und Lebensplanung ab. Wichtig ist, dass Sie in Ruhe abwägen, was Sie tun wollen. Denn die Entscheidung wirkt in der Regel viele Jahre nach und ist der Grundstein für Ihre Finanzlage im Alter. Ein paar Grundsätze sollten Sie verinnerlichen. Sie wollen

- Sicherheit
- Rendite
- langfristigen Kapitalaufbau

In Tabelle 14 zeige ich Ihnen in Abhängigkeit von der jährlichen Verzinsung, welche monatliche Sparrate und wie viel Zeit Sie benötigen, um ein Kapital von 100.000 Euro, 300.000 Euro oder 500.000 Euro aufzubauen. Dann sehen Sie, was Sie sparen müssen und welchen Zinssatz Sie erzielen müssen, um Ihr Wunschkapital zu erreichen.

Tabelle 14: Monatliche Sparraten für bestimmte Sparziele

Anspardauer	Zinsen p. a. (in %)	Benötigte monatliche Sparrate für das Sparziel von …		
		100.000 Euro	300.000 Euro	500.000 Euro
10 Jahre	1	792 Euro	2.377 Euro	3.961 Euro
	3	715 Euro	2.146 Euro	3.577 Euro
	5	645 Euro	1.935 Euro	3.225 Euro
	7	581 Euro	1.743 Euro	2.906 Euro
20 Jahre	1	376 Euro	1.129 Euro	1.882 Euro
	3	305 Euro	916 Euro	1.526 Euro
	5	245 Euro	736 Euro	1.227 Euro
	7	196 Euro	588 Euro	979 Euro
30 Jahre	1	238 Euro	714 Euro	1.191 Euro
	3	172 Euro	517 Euro	861 Euro
	5	122 Euro	366 Euro	611 Euro
	7	85 Euro	255 Euro	425 Euro

Welches Kapital Sie bei unterschiedlichen Rentenbezugszeiträumen und Rentenhöhen benötigen, zeigt Ihnen die nachstehende Tabelle 15. Das hilft Ihnen abzuschätzen, in welcher Größenordnung Ihr Sparziel liegt.

Tabelle 15: Rententabelle: Welches Kapital erzeugt welche monatliche Rente (Annahme: Rente mit Kapitalverzehr, Angaben in Euro)?[21]

Kapitaleinsatz bei Zinssatz 1 Prozent	Rentendauer 30 Jahre	Rentendauer 40 Jahre	Rentendauer 50 Jahre
50.000	160	126	105
100.000	321	252	211
200.000	642	504	423

300.000	963	757	634
500.000	1.605	1.262	1.057
1.000.000	3.211	2.524	2.114
Kapitaleinsatz bei Zinssatz 2 Prozent	**Rentendauer 30 Jahre**	**Rentendauer 40 Jahre**	**Rentendauer 50 Jahre**
50.000	184	150	131
10.0000	368	301	262
200.000	736	603	525
300.000	1104	904	787
500.000	1840	1507	1312
1.000.000	3681	3014	2624
Kapitaleinsatz bei Zinssatz 3 Prozent	**Rentendauer 30 Jahre**	**Rentendauer 40 Jahre**	**Rentendauer 50 Jahre**
50.000	209	177	159
100.000	418	355	319
200.000	837	710	637
300.000	1.255	1.064	956
500.000	2.092	1.774	1.594
1.000.000	4.184	3.548	3.187
Kapitaleinsatz bei Zinssatz 5 Prozent	**Rentendauer 30 Jahre**	**Rentendauer 40 Jahre**	**Rentendauer 50 Jahre**
50.000	264	236	222
100.000	528	473	444
200.000	1.056	946	889
300.000	1.583	1.419	1.333
500.000	2.639	2.364	2.222
1.000.000	5.278	4.728	4.444
Kapitaleinsatz bei Zinssatz 7 Prozent	**Rentendauer 30 Jahre**	**Rentendauer 40 Jahre**	**Rentendauer 50 Jahre**
50.000	324	301	291

100.000	647	602	582
200.000	1.294	1.205	1.164
300.000	1.941	1.807	1.745
500.000	3.235	3.011	2.909
1.000.000	6.470	6.022	5.818

Sie sehen: Entscheidend ist der Zinssatz. Die Berechnung sieht einen Kapitalverzehr vor, also den allmählichen Verbrauch des angesparten Kapitals. Soll ein solcher nicht stattfinden und sich die Rente nur aus den Zinsen speisen, fällt die monatliche Rente natürlich wesentlich niedriger aus.

Jetzt können Sie abschätzen, welchen Kapitalbedarf Sie haben, um früher mit mehr Geld in Rente zu gehen. Jetzt müssen Sie dieses Kapital nur noch erwirtschaften. Das heißt wiederum sparen, konsequent einen Teil des Nettolohns abzweigen und ihn in die private Altersvorsorge investieren.

Anhand der nun nachfolgenden Tabelle 16 zeige ich Ihnen wiederum, bei welchem Zinssatz und mit welchem monatlichen Sparbetrag Sie welches Kapital ansparen können, wenn Sie einen bestimmten Zinssatz zugrunde legen.

Tabelle 16: Sparratentabelle[22]

	Kapital nach ... bei einer Rendite von 1 % p. a. (Angaben in €)				
Monatliche Sparrate (€)	**10 Jahren**	**20 Jahren**	**30 Jahren**	**40 Jahren**	**50 Jahren**
50	6.311	13.282	20.983	29.490	38.887
100	12.622	26.565	41.967	58.981	77.774
200	25.245	53.131	83.935	117.962	155.549
300	37.867	79.697	125.903	176.944	233.324
500	63.113	132.829	209.839	294.907	388.874
1.000	126.226	265.659	419.679	589.814	777.748
	... bei einer Rendite von 2 % p. a.				
50	6.641	14.736	24.604	36.633	51.297

	Kapital nach … bei einer Rendite von 1 % p. a. (Angaben in €)				
Monatliche Sparrate (€)	10 Jahren	20 Jahren	30 Jahren	40 Jahren	50 Jahren
100	13.282	29.472	49.209	73.267	102.594
200	26.564	58.945	98.418	146.535	205.189
300	39.846	88.418	147.627	219.802	307.784
500	66.410	147.363	246.045	366.338	512.974
1.000	132.820	294.727	492.090	732.676	1.025.948
	… bei einer Rendite von 3 % p. a.				
50	6.990	16.384	29.009	45.975	68.777
100	13.980	32.768	58.018	91.951	137.555
200	27.960	65.536	116.036	193.903	275.111
300	41.940	98.305	174.054	275.855	412.667
500	69.901	163.842	290.091	459.759	687.778
1.000	139.802	327.684	580.182	919.518	1.375.557
	… bei einer Rendite von 5 % p. a.				
50	7.751	20.376	40.942	74.442	129.010
100	15.502	40.753	81.885	148.885	258.021
200	31.004	81.507	163.771	297.771	516.042
300	46.506	122.261	245.657	446.657	774.064
500	77.511	203.768	409.429	744.428	1.290.107
1.000	155.022	407.537	818.858	1.488.857	2.580.214
	… bei einer Rendite von 7 % p. a.				
50	8.604	25.529	58.825	124.322	253.165
100	17.208	51.059	117.650	248.645	506.331
200	34.416	102.119	235.301	497.291	1.012.663
300	51.625	153.179	352.952	745.936	1.518.995
500	86.041	255.299	588.254	1.243.227	2.531.658
1.000	172.083	510.598	1.176.509	2.486.455	5.063.317

Nach diesen eher abstrakten Zinstabellen zeigt Ihnen die nächste Tabelle 17 ganz konkret an, welche Sparrate Sie ungefähr brauchen, um einen Kapitalstamm für einen bestimmten Lebensstandard aufzubauen, mit dem Sie drei bis fünf Jahre früher in Rente gehen können. Auch dies ist wiederum abhängig von der Verzinsung.

Tabelle 17: Sparrate für einen bestimmten Lebensstandard[23]

Gewünschter Lebensstandard in % vom Nettoeinkommen bei einem Bruttoeinkommen von 45.000 €/Jahr	Empfohlene zusätzliche monatliche Sparrate zur Verwendung privater Vorsorge vom Nettoeinkommen bei 30 Jahren Laufzeit	Kapital nach 30 Jahren zur Verwendung des früheren Renteneintritts (Circa-Werte)
Verzinsung 1 % p. a.		
60 %	350 €	146.900 €
65 %	385 €	162.000 €
70 %	425 €	178.000 €
80 %	475 €	200.000 €
90 %	530 €	222.000 €
Verzinsung 2 % p. a.		
70 %	350 €	172.900 €
80 %	385 €	190.000 €
95 %	425 €	210.000 €
100 %	475 €	234.000 €
105 %	530 €	261.000 €
Verzinsung 3 % p. a.		
80 %	350 €	203.900 €
95 %	385 €	223.000 €
100 %	425 €	247.000 €
105 %	475 €	276.000 €
110 %	530 €	307.000 €

Jetzt müssen Sie nur noch Anlagemöglichkeiten finden, mit denen Sie die genannten Renditen und Zinserträge erzielen können, damit Sie anfangen können zu sparen. Dazu kommen wir gleich. Aber zunächst einmal sehen wir uns die größten Fehler bei der privaten Altersvorsorge an, die es von Anfang an zu vermeiden gilt, um die Altersvorsorge dann richtig anzugehen.

17. DIE ZEHN GRÖSSTEN FEHLER BEI DER PRIVATEN ALTERSVORSORGE

Beim Aufbau einer privaten Altersvorsorge werden immer wieder Fehler gemacht. Diese gilt es unbedingt zu vermeiden, und das ist oftmals gar nicht so schwer. Die zehn größten Fallen bei der Altersvorsorge beziehungsweise ihrer Vorbereitung stelle ich Ihnen in diesem Kapitel vor.

17.1 FEHLER 1: DEN BEGINN IHRER ALTERSVORSORGEPLANUNG IMMER WIEDER AUFSCHIEBEN

Geld, das Sie übrig haben, sollten Sie zumindest zum Teil für die Altersvorsorge sicher anlegen. Fangen Sie sofort damit an, denn die meisten Menschen lassen viel zu viel Zeit verstreichen. Als Grundsatz gilt: Je früher Sie anfangen und je mehr Sie ansparen, desto besser. Daher sollten auch Sie schon für Ihre Kinder mit der Vorsorge beginnen.

Wenn Sie mit 30 Jahren monatlich 100 Euro bei einem Zinssatz von 2 Prozent sparen, haben Sie nach 30 Jahren 49.209 Euro angespart. Daraus kann sich eine Rente von mindestens ca. 140 Euro Monat ergeben. Das heißt, mit jeder 100-Euro-Rate, die Sie sparen, erzielen Sie bei dieser Verzinsung 140 Euro Rente. Steigen die Zinsen, steigt auch die Rente.

Wer aber erst mit 40 Jahren anfängt, muss innerhalb von 20 Jahren monatlich bei gleichbleibender Verzinsung schon 170 Euro pro Monat beiseite legen, um denselben Rentenbetrag zu kassieren.

Das heißt: Je früher Sie anfangen, umso weniger müssen Sie für denselben Rentenbetrag sparen. Je später Sie anfangen, umso größer müssen Ihre Raten sein.

17.2 FEHLER 2: EINMALZAHLUNGEN VERPULVERN, STATT ANZULEGEN

Damit sind wir schon beim zweiten Fehler. Wenn Sie ab und zu Geld übrig haben oder Sonderzahlungen vom Arbeitgeber bekommen, wie zum Beispiel Weihnachts- oder Urlaubsgeld, geben Sie dieses nicht einfach aus, sondern überwinden Sie die Versuchung und legen Sie das Geld zusätzlich als Altersvorsorge auf die Seite.

Denn jede Einmalzahlung erhöht Ihren Rentenbetrag. Dabei gilt aufgrund des Zinseszinseffekts: Je früher Sie diese in einen Altersvorsorgevertrag einzahlen, desto besser. Im obigen zweiten Beispiel gilt, dass Sie mit einer Einmalzahlung von 20.000 Euro auch bei nur noch zwanzigjähriger Laufzeit bei einer Sparrate von 100 Euro monatlich bleiben können.

17.3 FEHLER 3: VORSORGEBEDARF FALSCH EINSCHÄTZEN

Kalkulieren Sie für Ihren Vorsorgebedarf großzügig. Gehen Sie davon aus, dass Sie künftig sogar mehr brauchen werden als heute, um Ihren Lebensstandard zu halten, da die Inflation zuschlägt und das Geld entwertet.

Wie hoch Ihre Rente und sonstigen Einkünfte auch sein mögen: Die jährliche Rentenmitteilung ist trügerisch, da sie den Stand nach den heutigen Berechnungen wiedergibt und nicht die zukünftig zu erwartenden Veränderungen berücksichtigt. Sie sollten daher von einer höheren Rentenlücke ausgehen.

Demnächst soll es von der Bundesregierung einen sogenannten Rentencockpit geben, der für mehr Transparenz sorgen soll. Ob dieses Prognosemodell aber die längeren Lebenserwartungen und Entwicklungen der Zinspolitik einbezieht, erscheint eher fraglich. Also kalkulieren Sie für den Bedarf mehr ein, als es nach heutigen Berechnungen nötig erscheint.

17.4 FEHLER 4: ZUSCHÜSSE UND STEUERVORTEILE NICHT ANNEHMEN

Der Staat tut zwar nicht so viel für die private Altersvorsorge, wie es meiner Meinung nach notwendig wäre, aber ein paar „Rentengoodies“ gibt es doch. So können viele Arbeitnehmer, Beamte, Soldaten und Auszubildende Zuschüsse im Rahmen vermögenswirksamer Leistungen bekommen – vom Arbeitgeber bezahlte Einzahlungen in einen Vorsorgevertrag mit siebenjähriger Laufzeit, die unterhalb bestimmter Einkommensgrenzen auch vom Staat noch zusätzlich bezuschusst werden. Nach Statistiken nimmt diese Möglichkeit nur jeder Zweite wahr, der eigentlich dazu berechtigt wäre.

Daneben gibt es Zulagen für Riester-Sparverträge (Grund- und Kinderzulage) oder alternativ noch eine attraktive Steuerersparnis. Aber achten Sie darauf, dass bei den Riester-Verträgen die Verwaltungsgebühren diese Zuschüsse nicht wieder aufzehren. Informieren Sie sich über die Kosten dieser Verträge beim Anbieter. Sie haben ein Recht darauf. Mehr dazu finden Sie in Kapitel 11. Auch steuerfreie Einkommen für bestimmte Formen der betrieblichen Altersvorsorge (siehe Kapitel 10) sowie der Sonderausgabenabzug für bestimmte Rentenbeiträge bei Rürup-Verträgen sind weitere staatliche „Goodies“, die nicht verschenkt werden sollten. Falls Sie Gutverdiener sind, lohnt es sich auch, darüber nachzudenken.

17.5 FEHLER 5: VORSORGESTRATEGIE WECHSELN

Sie sollten die Vorsorgestrategie, für die Sie sich einmal entschieden haben, nicht ständig und leichtfertig wechseln. Denn jeder Wechsel kostet Sie bares Geld, gerade weil für die Auflösung und Umschichtung Geld verlangt wird.

Sie sollten sich bei der Wahl Ihrer Strategie sicher sein. Meiden Sie übereilte Schritte und ständige Wechsel. Durchaus sinnvoll sind dagegen Ergänzungen und Erweiterungen, wenn Sie Zusatzbedarf feststellen. Nur, wenn etwas dauerhaft wirklich schlecht läuft oder der Verlust Ihrer Anlage droht, sollten Sie einen Wechsel in Erwägung ziehen.

17.6 FEHLER 6: SICH AUF DEN PARTNER VERLASSEN

Ein weiterer Fehler ist es, sich auf den Partner und dessen Altersvorsorge zu verlassen. Das können Sie nicht. Jede dritte Ehe wird innerhalb von 20 bis 25 Jahren nach der Heirat geschieden. Darüber hinaus können Sie sich auf die Rente des Partners ebenso wenig verlassen wie auf die eigene. Bedenken Sie außerdem: Wenn der Partner stirbt, gibt es nur eine Witwenrente, die mit erheblichen Abschlägen einhergeht.

17.7 FEHLER 7: AUF NUR EINE VERMEINTLICH GUTE VORSORGE VERTRAUEN

Nichts ist sicher, und die Rente schon gar nicht. Sie sollten bei Ihrer Strategie nie alles auf eine Karte setzen, sondern die Altersvorsorge auf mehrere Säulen stellen und vor allem auf verschiedene Anbieter verteilen. Ihre Altersvorsorge darf niemals durch die Insolvenz eines Anbieters ganz verloren gehen, und sollte er vorher noch so einen guten Ruf gehabt haben. Es ist nicht sicher, ob jeder Anbieter im Falle einer Insolvenz all Ihr Kapital abgesichert hat oder der Staat eintritt. Auch renommierte Unternehmen können in eine Krise geraten. Lassen Sie daher auch hier Vorsicht walten und streuen Sie die Anlage. Wer Angst hat, dann die Übersicht zu verlieren, der kann sich mittlerweile Apps zur Organisation der Altersvorsorge herunterladen.

17.8 FEHLER 8: DEN ÜBERBLICK VERLIEREN

Sie sollten sich organisieren und Ihre breit gestreute Altersvorsorge im Blick behalten. Nur so können Sie richtig vorsorgen. Entweder legen Sie einen Ordner an, in dem Sie alles einheften und auf einem Vorblatt zur Übersicht die einzelnen Vorsorgearten und Verträge mit ihren Eckdaten auflisten, oder Sie organisieren sich über ein Computerprogram oder eine Smartphone-App. Am Markt gibt es genügend Angebote.

17.9 FEHLER 9: SICH VON ÄNGSTEN LEITEN LASSEN

Auf keinen Fall dürfen Sie sich von Ängsten leiten lassen. Denn diese führen zu übereilten Entscheidungen und damit zu Fehlern. Hören Sie nicht auf Meinungen anderer, ohne sich selbst Gedanken zu machen. Handeln Sie überlegt und strategisch und gehen Sie Ihre Altersvorsorge mit etwas Selbstbewusstsein an. Bei Geldanlagen ist das, was alle machen, nicht unbedingt das beste Vorgehen.

17.10 FEHLER 10: ZU DENKEN, DASS KLEINSTBETRÄGE NICHTS BRINGEN

Wenn Sie zu dem Schluss kommen, dass Ihr Gehalt es nicht zulässt, im großen Stil vorzusorgen, dann sorgen Sie mit Kleinstbeträgen vor. Auch Kleinvieh macht Mist, sprich Sparraten von 25 oder 50 € pro Monat. So ist es auch in der Vermögensvorsorge. Nehmen Sie jeden noch so kleinen Betrag, den Sie übrig haben, und investieren Sie ihn in Ihre Altersvorsorge. Am Ende macht es die Masse der Kleinbeträge. Auch diese bringen richtig angelegt etwas und stocken Ihre Rente auf. Auch in Notsituationen sollten Sie zumindest mit Kleinstbeträgen Ihre Vorsorge weiter aufbauen.

Beherzigen Sie diese Tipps, dann klappt es auch mit dem Ziel, früher mit mehr Geld in Rente zu gehen.

18. NÜTZLICHE GRUNDSÄTZE FÜR DIE PERSÖNLICHE ALTERSVORSORGE

Aus der Fehlerliste im vorigen Kapitel lässt sich auf der positiven Seite wiederum Folgendes ableiten: Wählen Sie, wenn möglich den Sparbetrag nicht zu gering. Überlegen Sie sich Ihre Ausgaben gut und versuchen Sie, auf Unnötiges zu verzichten. Legen Sie die betreffenden Beträge lieber für Ihre Altersvorsorge zurück.

- **Achten Sie auf Vielfalt.** Setzen Sie nicht alles auf eine Karte, sondern investieren Sie Ihre Sparbeiträge in verschiedene Anlageformen. Beachten Sie dabei das Drei-Säulen-Modell. Innerhalb der einzelnen Säulen sollten Sie zusätzlich auf verschiedene Produkte und Produktformen, wie zum Beispiel verschiedene ETFs oder unterschiedliche Dachfondsmodelle, setzen.
- **Nehmen Sie nicht jeden Trend gleich mit.** Vor allem gilt: Nehmen Sie nicht jeden Tipp mit, den die Medien propagieren. Wenn die Medien einen Trend ausposaunen, ist es meistens schon zu spät für einen profitablen Einstieg. Bewahren Sie die Ruhe und vertrauen Sie auf Ihre langfristigen Investments. Denn wenn Sie in eines der aufgezeigten Modelle investieren, wird sich in der Regel über langfristige, regelmäßige Sparbeiträge eine konstante Rendite einstellen.
- **Bauen Sie nicht auf die gesetzliche Rente.** Sie sollten privat vorsorgen und sich nicht auf die gesetzliche Rente verlassen. Die gesetzliche Rente basiert auf dem Generationenvertrag und wird aufgrund des demografischen Wandels immer unattraktiver, denn die Gesellschaft wird immer älter und immer weniger Arbeitnehmer tragen immer mehr

und längere Rentenauszahlungen. Dieser Generationenvertrag wird in Zukunft nicht mehr das an Rente bringen, was heute noch gezahlt wird.
- **Wechseln Sie nicht zu häufig die Anlageform.** Denn Sie fangen stets wieder von vorne an. Jeder Wechsel der Anlageform kostet Geld, verlangt Ihnen zusätzliche Gebühren ab und bringt womöglich Zinsverluste mit sich.
- **Vergleichen Sie Anlageangebote und fragen Sie auch nach den Kosten.** Wählen Sie das Angebot mit der höchsten Rendite und mit den geringsten Kosten aus. Verschweigt Ihnen ein Anbieter die Kosten oder verschleiert er Renditen, so lassen Sie die Finger davon. Seriöse Anbieter haben das nicht nötig.
- **Sparen Sie stetig und ohne Unterbrechungen.** Sparen Sie zudem langfristig. So nutzen Sie den Zinseszinseffekt und kompensieren Verluste. Lassen Sie Erträge thesaurieren, das heißt, setzen Sie auf Anlageformen, bei denen laufende Gewinne in Form von Zinsen oder Dividenden in neue Anteile reinvestiert werden. Laufende Ausschüttungen sind weniger geeignet im Hinblick auf das Ziel, möglichst viel für den Ruhestand anzusparen.
- **Nutzen Sie Gehaltssteigerungen oder Einmalzahlungen für die Altersvorsorge.** Wenn Sie sich gar nicht erst an das zusätzliche Geld gewöhnt haben, fällt es Ihnen leichter, diszipliniert zu sparen.

Jetzt können wir mit der Vorstellung der verschiedenen Möglichkeiten der Anlage und privaten Vorsorge beginnen. So erreichen Sie Ihr Ziel, früher mit mehr Geld in Rente zu gehen, noch schneller.

19. DIE RICHTIGE STRATEGIE ZUR PERSÖNLICHEN ALTERSVORSORGE

Machen wir uns noch kurz zur Strategie der privaten Altersvorsorge ein paar Gedanken. Es ist zu erwarten, dass das Renteneintrittsalter über das 67. Lebensjahr hinaus erhöht wird. Möglicherweise dauert das noch etwas. Aber der demografische Wandel zeigt, dass im Jahr 2060 der Anteil der Bevölkerung der über 60-Jährigen auf fast 40 Prozent ansteigen wird. Das heißt: Diejenigen, die eine Rente beziehen, werden immer zahlreicher; diejenigen dagegen, die in die Rentenkasse einzahlen, nehmen zahlenmäßig ab.

Darüber hinaus sind auch politische Entwicklungen nicht kalkulierbar. Wir können nicht abschätzen, wie sich die internationalen Finanzmärkte entwickeln. Die politische Situation ist nicht abschätzbar. Wer hätte die Entwicklungen in den USA und in Großbritannien vor 15 Jahren vermutet.

Daher wissen Sie auch nicht, wie sich einzelne Produkte oder Produktbereiche der Vermögensanlage wirklich entwickeln. Deshalb sollten Sie streuen und verschiedene Wege beschreiten. Setzen Sie nicht nur auf ETFs (dazu gleich mehr), sondern wählen Sie vielleicht auch konservativere Produkte aus. Gerade bei Aktien-Investments gilt: Die Anlage in gut gestreute Aktien über 100 Jahre ist immer eine renditestarke Anlage geblieben. Darum zähle ich auch Aktien zu den konservativen, aber sicherlich nicht immer risikoarmen Anlagen. Das spricht wiederum auch für Aktien-ETFs, börsengehandelten Fonds auf Aktienindizes, die ja auch schon für den Otto-Normalverbraucher erwerbbar sind.

Für Ihre Strategie empfehle ich Ihnen: Machen Sie zunächst eine Bestandsaufnahme. Was verdienen Sie? Wie hoch ist Ihr Bedarf? Was bringt Ihre gesetzliche Rentenversicherung oder Pension? Haben Sie Ansprüche aus einem Versorgungswerk oder einer betrieblichen Altersversorgung? Was können Sie für die Vorsorge aufwenden und worauf können Sie verzichten? In welchem Umfang haben Sie bereits privat vorgesorgt und in welcher Form? Haben Sie Immobilieneigentum und ist dieses noch mit Schulden belastet? Sind die betreffenden Kredite bis zum Rentenalter oder dem geplanten vorzeitigen Eintritt in den Ruhestand getilgt?

All diese Fragen müssen Sie sich beantworten, bevor es dann weiter in die Anlageplanung geht. Erst dann wählen Sie verschiedene Anlageformen, die Ihnen persönlich liegen und mit denen Sie umgehen können.

20. DIE WICHTIGSTEN GOLDENEN REGELN ZUR PRIVATEN ALTERSVORSORGE

Hier zeige ich Ihnen die fünf großen Grundsätze der privaten Altersvorsorge, die sich durch sämtliche Modelle der privaten Vorsorge ziehen. Diese müssen Sie verinnerlichen, um Ihr Ziel umsetzen zu können, früher mit mehr Geld in Rente zu gehen.

Diese Grundsätze stammen von meinem Onkel, von dem ich Ihnen schon berichtet habe und die er mir immer wieder eingebläut hat. Auch wenn er selbst aufgrund des seinerzeit hohen Zinsniveaus es mit seiner Vorsorge etwas einfacher hatte, so hatte doch auch immer die sich verändernde Lage im Blick.

1. Beginnen Sie so früh wie möglich mit der privaten Altersvorsorge.
2. Sichern Sie sich Vorteile aus Betriebsrenten, staatlich geförderten Renten oder Sparplänen.
3. Auch ein Eigenheim kann eine sinnvolle Geldanlage darstellen.
4. Professionelle Beratung ist bei der Altersvorsorge das A und O.
5. Risikofreudige Anleger können mit Fonds und ETFs hohe Renditen einfahren.

Also, liebe Leser, fangen Sie mit dem Vorsorgen jetzt an!

21. GELDANLAGEN ZUM AUFBAU VON VORSORGEKAPITAL

Jetzt aber los: Ich stelle Ihnen nachfolgend einige ausgewählte Geldanlagen vor. Zunächst müssen Sie von Ihrem Nettogehalt einiges auf die hohe Kante legen. Es sollte so viel wie möglich sein. Wir empfehlen bis zu 30 Prozent des verfügbaren Einkommens. Je später Sie anfangen, desto mehr sollten Sie für die finanzielle Vorsorge einplanen. Je mehr, desto besser, gehen Sie also gerne auch über die genannten 30 Prozent hinaus. Wenn Sie nicht so viel sparen können, dann sollten Sie trotzdem unter Überwindung des eigenen Schweinehundes so viel wie möglich vom Einkommen in die Vorsorge stecken. Jeder kleine Beitrag, wird Ihnen später zusätzlich etwas bringen. Wenn es Sonderzahlungen gibt, sollten Sie die nicht einfach für irgendeinen Billigurlaub oder eine technische Neuheit ausgeben – das alte Handy tut es auch noch – sondern das Geld wiederum in die Altersvorsorge stecken. Dann können Sie auch früher mit mehr Geld in Rente gehen.

Jetzt stelle ich Ihnen die alternativen risikoarmen, aber dennoch zukunftsträchtigen und renditestarken Säulen der privaten Altersvorsorge vor, damit es mit der früheren Rente auch klappt. Allerdings bin ich, wie bereits erwähnt, kein Anlageberater. Ich stelle Ihnen nachstehend einige Konzepte und Strategien vor. Sie müssen entscheiden, welche davon zu Ihnen passen.

Zunächst einmal sollten Sie nicht alles auf eine Karte setzen, sondern immer auf verschiedene gestreute Anlagen bauen, um Ihre persönliche Altersvorsorge zu bewerkstelligen. Sicherlich gibt es noch mehr als die nachstehend aufgezählten Möglichkeiten zum Vermögensaufbau. Für Ihr Ziel, früher mit mehr Geld in Rente zu gehen, ist die folgende Auswahl von Möglichkeiten jedoch besonders geeignet. Sie selbst müssen jedoch entscheiden, was Sie für sich nach Ihren persönlichen Verhältnissen für geeignet halten. Also legen wir los.

Entwickeln Sie eine Strategie, setzen Sie nicht alles auf eine Karte und vor allem: Setzen Sie sich mit den einzelnen Vorsorgeformen und den zugehörigen Produkten auseinander.

22. IMMOBILIEN

Immobilien sind ein wichtiges Element der Altersvorsorge. Voraussetzung ist, Sie entscheiden sich früh für einen Erwerb und setzen sich mit deren Qualität, der Bausubstanz und vor allem der Lage auseinander. Eine Immobilie ist sicherlich nicht für jeden etwas, aber in Zeiten niedriger Darlehenszinsen ein guter Baustein zur Altersvorsorge.

Sie kaufen die Immobilie und finanzieren den Kaufpreis mit einem Hypothekendarlehen. Sie vermieten die Immobilie, und über die Mieteinnahmen zahlen Sie das Darlehen und die Zinsen ab. Bei Eigennutzung geschieht dies über die gesparte Miete. Dabei sollten Sie natürlich einen Finanzpuffer einplanen, um auch für spätere Renovierungen und Instandhaltungen genug Geld zu haben. Das funktioniert deshalb recht gut, da wir aktuell sehr niedrige Zinsen haben und zugleich stark steigende Mieten. In einigen Regionen und Städten, vor allem in begehrten Großstadtlagen müssen Sie sich allerdings mit der gesetzlichen Deckelung der Mieten auseinandersetzen, bevor Sie investieren. Unter Umständen lohnt sich die Investition wegen des Mietpreisdeckels nur noch eingeschränkt.

Wenn Sie früh beginnen, haben Sie bis zu Ihrem geplanten Renteneintritt mit 55 oder 60 Jahren die betreffende Immobilie abgezahlt und können nun die Nettomieteinahmen für Ihre Altersvorsorge nutzen. Sie sollten bei der Finanzierung darauf achten, dass die Zinsbindung möglichst lang ist, um sich lange die aktuell niedrigen Zinsen zu sichern, denn Sie können nie wissen, wann die Zinsen wieder steigen.

Alternativ können Sie auch eine Vollfinanzierung in Form eines Vorausdarlehens wählen und darauf abgestimmt einen Bausparvertrag abschließen, um sich diese niedrigen Zinsen für den Immobilienkredit zu sichern. Viele raten von diesem Modell ab, aber es funktioniert wunderbar. Ich habe es auf Anraten meines Onkels selbst ausprobiert. Wird nach der Ansparphase das Bauspardarlehen fällig, löst es das Darlehen ab und Sie zahlen den Bausparvertrag mit den niedrigen Zinsen ab.

Beide Varianten sichern Ihnen die niedrigen Zinsen über das nächste Jahrzehnt hinaus. Und eines ist sicher: Die Zinsen steigen irgendwann in Zukunft wieder. Die Frage ist nur, wann.

Bei Immobilien sollten Sie auf jeden Fall auf die Qualität der Bausubstanz und vor allem auf die Lage achten. Im städtischen Bereich werden Sie mit der Immobilie sicher Ihre Altersvorsorge gestalten können.

Da derzeit in vielen Städten die Immobilienpreise in guten Lagen „überhitzt" scheinen, empfiehlt sich ein Ausweichen in mittlere und kleinere Städte. Auch dort steigen die Mieten, jedoch sind die Preise moderater.

Beispiel: Kreditfinanzierter Erwerb eines Mietobjekts zur Altersvorsorge

Sie kaufen ein vollvermietetes Mehrfamilienhaus in einer kleineren Stadt für 400.000 Euro einschließlich Kaufnebenkosten. Sie setzen 80.000 Euro Eigenkapital ein und finanzieren den Restbetrag mit 1,5 Prozent Zinsen über 15 Jahre fest. Der anfängliche Tilgungsanteil beträgt 3 Prozent. Die Höhe der Rate beträgt 1.200 Euro pro Monat. Die Mieteinnahmen des Hauses machen aber 2.000 Euro aus. Die Differenz von 800 Euro können Sie wieder anlegen oder für Renovierungen und laufende Kosten sowie für Steuern bereithalten.

Die Laufzeit des Darlehens beträgt danach insgesamt 27 Jahre und einen Monat. Steigt der Sollzins nach der Zinsbindung nach 15 Jahren um 2 Prozent an, beträgt die Rate immer noch tragbare 1.465 Euro. Somit ist das insgesamt eine solide Finanzierung und Kapitalanlage. Das ist ein realistisches Beispiel aus meiner Praxis.

Einkalkulieren müssen Sie allerdings Erhaltungsaufwendungen, wie zum Beispiel Renovierungen oder den Austausch der Heizung. Daneben sollten Sie auch einen Puffer für Mietausfälle haben. In diesem Beispiel wäre das aber mit der Differenz von 800 Euro pro Monat durchaus gewährleistet.

Damit sind Immobilien bei dem anhaltenden niedrigen Zinsniveau eine Altersvorsorge „auf Pump", die Sie sich durch die Bank finanzieren lassen. Sie tragen, wie in diesem Beispiel, nur einen geringen Anteil an eigenem Kapital bei, haben aber nach Rückzahlung des Darlehens durch die Mieten einen wesentlich höheren Vermögenswert. Darum eignet sich dieses Modell wunderbar für die Altersvorsorge. Jetzt müssen Sie nur noch die richtige und gute Immobilie finden. Das ist sicherlich nicht leicht, da Sie nicht der Einzige sind, der so denkt. Also: Augen auf! Lassen Sie Ihre Kontakte spielen. Oft ergeben sich die besten und attraktivsten Angebote aus dem Bekannten- und Verwandtenkreis.

Wichtig ist nur die Auswahl der Immobilie nach Qualität, Lage und Bausubstanz. Das ist derzeit nicht einfach, da Immobilien sehr gefragt sind. Seien Sie also aufmerksam und hören Sie sich genau um. Vielleicht will oder muss jemand seine Immobilie verkaufen. Auch der Erwerb von einem Ehepaar, das sich getrennt hat, oder von Erbengemeinschaften kann im Einzelfall lohnenswert sein.

22.1 IMMOBILIE ZUR VERMIETUNG

Beim Erwerb einer Immobilie zur Vermietung sollten Sie darauf achten, dass es sich um eine gute Immobilie in guter Lage handelt. Das haben wir bereits festgestellt. Die Mieterstruktur der Umgebung ist durchaus wichtig, um nicht das Problem mit Mietausfällen durch Mietnomaden zu bekommen. Daneben spielt die Mietrendite eine Rolle. Die eingenommenen Mieten sollten die Darlehensraten tragen, die sich aus Zinsen und Tilgung zusammensetzen. Daneben sollte etwas Puffer vorhanden sein für Unvorhergesehenes, für Renovierungen und zur Bildung einer Rücklage. Erfüllt die Immobilie diese Kriterien auch, wenn die Darlehenszinsen wieder steigen, dann sollten

Sie sie unbedingt kaufen. Das Darlehen sollte allerdings spätestens bis zum Renteneintritt abgezahlt sein.

Beachten Sie, dass eine Immobilie nur dann durchgängig erfolgreich vermietet werden kann, wenn sich das Objekt in einer beliebten und bevorzugten Lage befindet. Viele Städte mit großen Arbeitgebern oder Universitäten sind stark nachgefragt und können sich für den Kauf einer Immobilienanlage eignen. Aber auch kleinere Städte mit niedriger Arbeitslosenquote haben ihren Reiz. Achten Sie auf die Mietrendite und die Nachfrage. Ruhige Lagen mit guter Nahverkehrsanbindung sind stets gefragt.

Wer eine Immobilie erfolgreich vermieten möchte, sollte ebenfalls darauf achten, dass die betreffende Wohnung oder das betreffende Haus in einem guten Zustand gehalten wird, um eine entsprechende Miete verlangen zu können. Steuerliche Vorteile können zudem durch Abschreibungen erzielt werden. Bei denkmalgeschützten Immobilien gelten sogar unter bestimmten Voraussetzungen erhöhte Abschreibungssätze.

Aber aufgepasst: Sie nehmen nicht nur Geld ein, sondern haben auch Kosten. Diese Ausgaben für Instandhaltung und Reparaturen können bei baufälligen Objekten oder sorglosen Mietern gehäuft auftreten. Neben den Kosten ist auch der Arbeits- und Zeitaufwand im Zusammenhang mit der Vermietung nicht außer Acht zu lassen. Verwaltung, Reparaturen, Sanierungen etc. können auf Sie zukommen. Ein Immobilienverwalter kann da eine hilfreiche, aber kostspielige Unterstützung bieten. Dessen Kosten können Sie allerdings bei Wohnraumvermietung nicht auf die Mieter abwälzen.

Um zu sehen, ob sich eine Immobilie rentiert, sollten Sie nicht die Brutto-Mietrendite (Kaufpreis im Verhältnis zur Miete) zugrunde legen, sondern die sogenannte Netto-Mietrendite: Hier werden auch weitere Kosten, wie zum Beispiel Erwerbsnebenkosten, Grunderwerbsteuer und Notarkosten sowie Gerichtskosten, in die Berechnung einbezogen. Eine Netto-Mietrendite von mindestens 3 bis 5 Prozent ist hier sinnvoll. Dividieren Sie den Jahresertrag abzüglich aller laufenden Kosten durch die Investitionskosten und nehmen Sie den Betrag x 100 Prozent. Dann haben Sie die Nettorendite einer Immobilie. Es ist ganz einfach.

Beispiel: Ermittlung der Netto-Mietrendite

Einschließlich Kaufnebenkosten kostet die Immobilie 400.000 Euro, im Detail 365.000 Immobilie mit Grundstück sowie 35.000 Kaufnebenkosten. Die Brutto-Mieteinnahme einschließlich Nebenkosten beträgt 24.000 Euro. Der Reinertrag nach Abzug aller Kosten ca. 12.000 Euro.

Nun ergibt sich folgende Berechnung:

12.000 Euro geteilt durch 400.000 Euro x 100 Prozent = 3 Prozent Netto-Mietrendite pro Jahr.

Damit wäre Ihre Mietimmobilie gerade so im akzeptablen Bereich. Der Mieter finanziert Ihnen also die Immobilie zum größten Teil. Daneben können sich zusätzliche Steuervorteile ergeben. Macht die Immobilie allerdings steuerlich nur Verluste, passt auch etwas nicht. Darauf sollten Sie achten.

Im Zweifel können Sie die Immobilie natürlich auch wieder verkaufen und den Verkaufserlös anderweitig für die Altersvorsorge verwenden. Nichts ist für die Ewigkeit. Vermögen ist auf andere Anlageformen übertragbar. Manchmal geschieht das eben mit Verlust. So ist es häufig auch bei Immobilien. Aber der Verkauf ist im Zweifel besser, als an einer unrentablen Immobilienanlage festzuhalten.

Damit Sie es noch einfacher haben, die Netto-Mietrendite einer Immobilie zu prüfen, habe ich Ihnen hier einmal die Mietrenditetabelle entworfen. Anhand der Tabelle können Sie sehen, bei welchen Erwerbskosten und Mieten sich welche Mietrendite ergibt. Dann können Sie abschätzen, ob sich Ihr Immobilieninvestment für Ihre Altersvorsorge lohnt oder nicht.

Tabelle 18: Mietrenditen

Erwerbskosten der Immobilie einschließlich Nebenkosten (in Euro)	Netto-Mietertrag nach Abzug aller Kosten (in Euro)	Netto-Mietrendite (in Prozent)
100.000	2.000	2*
100.000	5.000	5

Erwerbskosten der Immobilie einschließlich Nebenkosten (in Euro)	Netto-Mietertrag nach Abzug aller Kosten (in Euro)	Netto-Mietrendite (in Prozent)
200.000	7.000	3,5
300.000	10.000	3,33
400.000	12.000	3
500.000	15.000	3
700.000	25.000	3,57
1.000.000	40.000	4

* Achtung, diese Investition rentiert sich auf keinen Fall!

Die Tabelle basiert auf Werten aus Praxisbeispielen, die ich in meiner Tätigkeit als Steuerberater kennengelernt habe. Sie soll Ihnen ein Gefühl dafür geben, wie hoch die Rendite in Einzelfällen ausfällt. Oftmals ist sie nicht so hoch, wie man im ersten Moment anhand der Brutto-Renditeangaben meint. Trotzdem kann sich für die Altersvorsorge eine Immobilie mit einer Mietrendite ab 3 Prozent lohnen, wenn es sich um eine gute Mieterstruktur in guter Lage mit guter Bausubstanz handelt.

Zur Finanzierung benötigen Sie in der Regel etwas Eigenkapital, meistens zwischen 10 und 20 Prozent des Kaufpreises, um einen guten Zinssatz zu erhalten. Manchmal kommt auch eine Vollfinanzierung ohne Eigenkapital in Betracht. Hier ist jedoch eine Immobilie mit besonders guter Ertragslage erforderlich.

Wer noch kein Eigenkapital hat, sollte dieses zunächst ansparen und erst dann in den Immobilienerwerb einsteigen. Dabei sollte nicht sämtliches Eigenkapital in die Immobilie gesteckt werden, da Sie die Darlehenszinsen steuerlich geltend machen können. Sie sollten Geld für unvorhergesehene Renovierungen als Liquiditätsgrundlage bereithalten.

Daneben sollten Sie bei der Finanzierung darauf achten, dass Sie mindestens eine anfängliche Tilgungsrate von 2, eher 3 bis 4 Prozent haben. Bei 4 Prozent anfänglicher Tilgungsrate und einem Zinssatz von 1 Prozent beträgt die Laufzeit des Darlehens 22,4 Jahre.

Damit Sie es auch hier wieder etwas einfacher haben, zeige ich Ihnen in einer Tabelle die Laufzeit eines Immobiliendarlehens in Abhängigkeit von der Tilgungsrate und dem Nominalzinssatz für das Darlehen. Dann wissen Sie, wie lange das jeweilige Darlehen bei gleichbleibendem Zinssatz und gleichbleibender Tilgungsrate läuft, bis Sie es ganz abgezahlt haben.

Tabelle 19: Darlehenslaufzeit in Abhängigkeit von anfänglicher Tilgungsrate und Nominalzins

Anfängliche Tilgungsrate	Nominalzins				
	1 Prozent	1,5 Prozent	2 Prozent	4 Prozent	5 Prozent
1 Prozent	69,5	61,3	55	40,7	36,7
2 Prozent	40,7	37,4	34,7	27,9	25,7
3 Prozent	33,8	27,3	25,5	21,5	20,1
4 Prozent	22,4	21,4	20,3	17,6	16
5 Prozent	18,3	17,8	16,9	14,9	14,1

Ideal erscheint eine Tilgung von 3 Prozent unabhängig von den einzelnen Nominalzinsen. Allerdings sollte die Tilgung umso höher sein, je später Sie anfangen, in Immobilien zu investieren.

So kann eine Altersvorsorgeart auf die nächste aufbauen. Erst sparen Sie Eigenkapital über einige Jahre an, dann investieren Sie in eine Immobilie und parallel dazu legen Sie weiter Geld in anderen Altersvorsorgemodellen an.

Vermietete Immobilien lohnen sich vor allem auch wegen der stetig steigenden Preise in vielen Regionen. Eine Immobilie, die Sie einschließlich Nebenkosten für 300.000 Euro kaufen und mit der Sie eine Netto-Mietrendite von jährlich 9.000 Euro erzielen, hat eine prozentuale Netto-Mietrendite von 3 Prozent. Sie zahlen das Darlehen mit der Miete ab. Ist die Immobilie in 20 Jahren 360.000 Euro Wert, profitieren Sie zusätzlich von 20 Prozent Wertsteigerung in 20 Jahren, was einen jährlichen zusätzlichen Ertrag von einem Prozent ausmacht. Oft geht der Mehrwert auch mit Mieterhöhungen einher, die wir hier noch außer Betracht gelassen haben.

Verkaufen Sie die Immobilie nach mehr als zehn Jahren, ist die Wertsteigerung aufgrund des Ablaufs der Spekulationsfrist nach § 23 EstG steuerfrei. Nun können Sie den Verkaufserlös anlegen und je nach Ertragslage eine zusätzliche Rente von 800 bis 1.200 Euro erzielen. Damit können Sie sich ein weiteres Renten-Standbein aufbauen.

Das gilt auch, wenn Ihnen die Verwaltung der Immobilie im Einzelfall zu viel wird. Auch dann kann die Immobilie verkauft werden und das Vermögen in andere Geldanlagen umgeschichtet werden. Welche Alternativen es dann gibt, zeige ich Ihnen weiter unten. Auch hier ist es stets wichtig, die Immobilie in gutem Zustand zu erhalten und laufend die notwendigen Instandhaltungen zu erledigen. Dafür brauchen Sie natürlich, wie oben gezeigt, aus Ihrer Mietkalkulation ein entsprechendes Polster. Das sollte in der Regel möglich sein. Ist es das nicht, sollten Sie die Finger von der betreffenden Immobilie lassen. Auch das hat mir mein Onkel immer mit erhobenem Zeigefinger klargemacht. Ich habe mich stets daran gehalten, und das hat sich gelohnt.

Beispiel: Mietimmobilie als Altersvorsorge

Ansparphase: Erworben wird eine Immobilie im Wert von 500.000 Euro, die Kaufnebenkosten betragen 50.000 Euro und werden als Eigenkapital gestellt. Im Übrigen wird die Immobilie mit 1,5 Prozent Zinsen voll finanziert. Die Immobilie wirft einen Mietertrag von netto 3.000 Euro monatlich ab, also 36.000 Euro im Jahr. Damit kann das Darlehen bei einer dreiprozentigen anfänglichen Tilgung aus den Mieten gezahlt werden. Es verbleibt nach Steuern noch ein Überschuss, der angespart werden kann, um Renovierungen und Erhaltungsaufwendungen zu finanzieren oder um später nach Ablauf der Zinsbindung steigende Zinsen abzudecken.

Fortsetzung im Rentenalter: Im Rentenalter kann dann die Miete, die in der Regel gestiegen ist, nach Abzug von Steuern und Krankenversicherungsbeiträgen voll als Altersgeld genutzt werden. Zu achten ist auf eine gute Substanz und vermietbare Lage der Immobilie.
Für Risiken, wie Mietausfälle oder plötzliche Erhaltungsaufwendungen, sollten Rücklagen gebildet werden. Zu Beginn der Finanzierung sollte ein Finanzierungspuffer bestehen. Das heißt, für Notfälle sollte es möglich sein, bei der Bank einen weiteren Kredit bis maximal 10 Prozent des Immobilienwertes zu bekommen (hier im Beispiel 50.000 Euro), mit dem gewisse Unwägbarkeiten, die immer wieder auftreten können, gelöst werden können. Dazu gehören zum Beispiel eine defekte Heizung oder Mietausfälle. Dazu kann dann der Überschuss in der ersten Phase zum Abtrag verwendet werden. Statistischen Erfahrungen nach sind jedoch weit weniger als 10 Prozent der Mietverhältnisse problematisch. Um dieses Risiko abzudecken, kann eine Rechtsschutzversicherung (Vermieterrechtsschutz) abgeschlossen werden.

Immobilien bergen immer Risiken, wie fast jede Kapitalanlage, die noch Rendite bringt. Allerdings sind Immobilien auch Vermögensanlagen, die im Alter gegebenenfalls verkauft werden können und es erlauben, das so erzielte Kapital für das Altersruhegeld zu verwenden oder weiter anzulegen.

Wie bereits erwähnt, ist nach § 23 EstG ein solcher Verkauf steuerfrei, wenn sich die Immobilie im Privatvermögen befunden hat, was in der Regel der Fall sein wird. Das heißt, die Wertsteigerung, also der mit dem Verkauf erzielte Gewinn, unterliegt nicht der Einkommensteuer, wenn die Immobilie länger als zehn Jahre im Eigentum des Betroffenen stand. Auch dieses zeigt noch einmal, wie gut die Immobilie, wenn sie denn gut ausgesucht wurde, als Baustein für die Altersvorsorge dient. Das derzeit noch niedrige Zinsniveau trägt sein Übriges dazu bei.

Die Schwierigkeit liegt derzeit darin, eine geeignete Immobilie auf dem Markt zu finden. Auf keinen Fall sollten Sie die erstbeste Immobilie nehmen, sondern genau auf Substanz, Lage und das Verhältnis von Kaufpreis zu Netto-Mietrendite achten. Die Faktoren dafür sind regional höchst unterschiedlich. Hat man vielfach vor Jahren noch einen Faktor von 12,5 der Nettojahresmiete zugrunde gelegt, liegt dieser Faktor regional bedingt oftmals über 15 oder gar über 20, also einem Vielfachen des früher üblichen Preises.

Je höher dieser Faktor ist, desto schwieriger wird es, die Darlehen aus den Nettomieten zu finanzieren und trotzdem noch einen Überschuss zu erwirtschaften. Daher sollten Sie sich auf Immobilien konzentrieren, deren Faktor unter 20 liegt. Aber dies ist nur eine Faustregel – im Einzelfall kann ganz anderes gelten.

22.2 SELBSTGENUTZTE IMMOBILIEN

Auch die selbstgenutzte Immobilie gehört zur Altersvorsorge, da Sie sich dadurch im Rentenzeitraum die Nettokaltmiete sparen können. Das heißt, auch die selbstgenutzte Immobilie ist ein Baustein der Altersvorsorge. Sie bringt nur keine aktiven Einnahmen, sondern spart lediglich Ausgaben.

Bei rascher Wertsteigerung können Immobilien als Kapitalanlage daneben auch auf kürzere Sicht gute Renditen erzielen. Wer dann die Immobilie zum richtigen Zeitpunkt verkauft, kann den Erlös für andere Formen der Altersvorsorge verwenden.

Entscheidend ist auch hier der richtige Standort der Immobilie. Dabei müssen Sie darauf achten, dass beim Verkauf die Spekulationsfrist für vermietete Immobilien abgelaufen ist. Diese beträgt nach § 23 Einkommensteuergesetz (EStG) zehn Jahre. Findet der Verkauf danach statt, ist der Gewinn steuerfrei. Bei selbstgenutzten Immobilien erlaubt das Gesetz sogar eine Verkürzung der Spekulationsfrist: Sie müssen das Objekt lediglich im Jahr des Verkaufs und in den beiden vorangegangenen Jahren selbst genutzt haben, um die Gewinne aus einem Verkauf steuerfrei realisieren zu können.

Beispiel: Wertsteigerung einer Immobilie

Sie kaufen eine Neubau-Eigentumswohnung mit 75 Quadratmetern Wohnfläche in guter Lage. Der Kaufpreis einschließlich Kaufnebenkosten beträgt 180.000 Euro. Davon werden 40.000 Euro aus Eigenkapital bestritten, der Rest über ein Bankdarlehen mit 1,5 Prozent Zinsen über 15 Jahre Laufzeit.

Die Kreditrate beläuft sich bei einem Prozent Zinsen und einer anfänglichen Tilgung von 3 Prozent auf 525 Euro monatlich. Die ersparte Kaltmiete liegt bei netto 700 Euro. Angenommen, der Wert steigt nach 15 Jahren moderat auf 220.000 Euro.

Die Restschuld liegt nach 15 Jahren noch bei 70.000 Euro. Der Erlös abzüglich der Restschuld beträgt 150.000 Euro. Trägt sich die Immobilie aus der ersparten Nettokaltmiete im Rahmen der Selbstnutzung, sind aus den 80.000 Euro Eigenkapital nach 15 Jahren 150.000 Euro geworden. Das ist eine ansehnliche Rendite in Zeiten der Niedrigzinsen. Hinzu kommt, dass sich die Tilgung des Darlehens durch die ersparte Miete trägt, die Sie sonst ohnehin hätten zahlen müssen.

Solche Wertsteigerungen sind in vielen Städten derzeit durchaus realistisch. In manchen Städten sind sie sogar erheblich höher. Also ist auch das eine gute Sache.

Eine selbstgenutzte Immobilie ist regelmäßig ein guter Baustein für die Altersvorsorge. Doch nicht immer geht die Rechnung im Ergebnis auf. Bei Mängeln in der Bausubstanz oder einem Sanierungsstau kann eine Immobilie zur Last werden, nicht nur finanziell. Dann lohnt sich die Immobilie zur Altersvorsorge trotz steigender Preise oftmals nicht.

Das Eigenheim steht gleichwohl als Geldanlage und Baustein für die Altersvorsorge wegen steigender Immobilienpreise hoch im Kurs. Im Alter hat eine selbstgenutzte Immobilie aber nicht nur Vorteile. Manchmal sind die Vermietung oder ein Verkauf sinnvoller. Zwar sparen Sie damit grundsätzlich die Miete, müssen sich jedoch um Instandhaltung und Renovierung selbst kümmern. Da können die neuen Fenster oder die Dachsanierung schon einmal mit einer fünfstelligen Summe zu Buche schlagen. Ein Mieter hat es da bequemer, denn da kommt der Vermieter für die Sanierungen auf.

Aber dass eine selbstgenutzte Immobilie, die keinen Ärger mit Mietern verursacht, tatsächlich eine gute Altersvorsorge darstellt, zeigt auch die Statistik. Rentner mit Immobilie sparen im Schnitt zwischen 400 und 550 Euro netto im Vergleich zu Rentnern, die zur Miete wohnen.

Betongeld führt zudem zu Wertsteigerungen. Im Alter sind Sie nicht von hohen Mietpreisen betroffen, ein klares Argument für das selbstgenutzte Eigenheim. Wer früher mit mehr in Rente will, sollte hier auf jeden Fall vorsorgen. Achten sollte man darauf, dass die Immobilie den im Alter veränderten Wohnverhältnissen angepasst werden kann.

Zudem locken Steuervorteile: Eigenheimnutzer können Handwerkerkosten teilweise von der Steuer absetzen. 20 Prozent der reinen Lohnkosten, ohne Material, werden auf die Einkommensteuer angerechnet, und zwar bis maximal 1.200 Euro pro Jahr.

Es gibt zudem Vorteile durch die Riester-Förderung. Das Eigenheimrentengesetz, besser bekannt als „Wohn-Riester“, ermöglicht eine jährliche Grundförderung von 175 Euro pro Antragsberechtigtem und 300 Euro für jedes zum Haushalt gehörende Kind. Daneben können Käufer jährlich bis zu 2.100 Euro als Sonderausgaben von der Steuer absetzen. Das geförderte Altersvorsorgekapital kann sowohl für den Erwerb als auch den Bau einer selbstgenutzten Immobilie verwendet werden.

Zusätzlich gibt es Baukindergeld für Familien und Alleinerziehende. Es beträgt unter bestimmten Voraussetzungen 1.200 Euro pro Kind und Jahr. Es wird über insgesamt zehn Jahre nach dem Kauf oder Bau der Immobilie ausgezahlt. Eine Familie mit zwei Kindern darf sich also über insgesamt 24.000 Euro Zuschuss freuen, eine mit drei Kindern sogar über 36.000 Euro. Allerdings gilt die Förderung nur für einmal für ein selbstgenutztes Objekt.

Auch wird das Eigenheim unter bestimmten Voraussetzungen durch eine Wohnungsbauprämie unterstützt: Bausparer erhalten eine Wohnungsbauprämie von bis zu 45 beziehungsweise 90 Euro im Jahr, sofern ihre Einkünfte 25.600 Euro (Alleinstehende) beziehungsweise 51.200 Euro (zusammen veranlagte Ehepaare) nicht überschreiten.

Beim Erwerb des Eigenheims sollten Lage und Bausubstanz eine ebenso große Rolle spielen wie beim Kauf eines Mietobjekts. Die Finanzierung sollte spätestens mit dem (vorgezogenen) Renteneintritt abgeschlossen sein.

Mietfreies Wohnen im Eigenheim als Altersvorsorge ist damit nur dann umsetzbar, wenn der Immobilienkredit mit Eintritt des Rentenalters getilgt ist Andernfalls fallen weiterhin Ratenzahlungen an, die Ihr zur Verfügung stehendes Renteneinkommen mindern. Das darf nicht sein, so hat es mir mein Onkel immer eingebläut, und heute weiß ich, dass das richtig ist.

Wichtig ist, dass Sie sich als Immobilieneigentümer darüber im Klaren sind: Ein Eigenheim, bei dem Sie keine Miete zahlen müssen, ist nicht gleichbedeutend mit kostenlosem Wohnen. Es fallen nämlich weiterhin Kosten für die Instandhaltung, die laufenden Grundbesitzabgaben und eventuelle Reparaturen an. Sie sollten bei dieser Variante der Altersvorsorge also mit genügend Puffer kalkulieren.

Möchten Sie eine Immobilie kaufen, um im Rentenalter dort zu leben, sollten Sie sich sehr sicher sein, dass sie sich im Hinblick auf Lage und Beschaffenheit für Ihre Zwecke eignet. Sehen Sie sich hier für den Rest Ihres Lebens? Achten Sie zudem auf eine gute Infrastruktur, wie zum Beispiel kurze Wege zu den notwendigen Einkaufsmöglichkeiten, und eine gute ärztliche Versorgung.

Fazit

- Gute Immobilien sind ein gutes Investment zur Altersvorsorge.
- Achten Sie auf die Mietrendite.
- Sichern Sie sich langfristig die niedrigen Zinsen.

22.3 PFLEGEIMMOBILIEN – EINE ALTERNATIVE, ÜBER DIE ES SICH NACHZUDENKEN LOHNT

Wir haben soeben gesehen, dass mein Onkel recht hatte. Immobilien können eine gute Altersvorsorge darstellen, wenn sie mit Bedacht ausgewählt und angemessen gepflegt und instandgehalten werden.

Spezielle Immobilien werden zudem dem oben beschriebenen demografischen Wandel in besonders hohem Maße gerecht, sprich dem steigenden Anteil an älteren Menschen in unserer Gesellschaft. Dieses Wissen führt zu der Schlussfolgerung, dass sich ein Investment in Pflegeimmobilien, Pflegeheime und betreutes Wohnen durchaus lohnen kann. Auch hier gelten die klassischen Grundsätze: Entscheidend sind die Lage, der Zustand und die Mietrendite.

Als private Altersvorsorge, um früher mit mehr Geld in Rente zu gehen, kommen somit durchaus auch Investitionen in Pflegeimmobilien in Betracht. Gerade das niedrige Zinsniveau macht dieses Investment aktuell besonders attraktiv. Hier kommt es allerdings darauf an, die richtige Immobilie zu finden. Entscheidend ist eine weitgehende Barrierefreiheit. Auch die Ausstattung für den Bereich der Pflege muss unbedingt gewährleistet sein. Oft bieten sich große Pflegedienstleister mit langfristigen Mietverträgen an. Damit kann eine Insolvenz des Pflegeheimbetreibers ausgeschlossen werden.

Zudem ist es entscheidend, solide Mieter, also einen soliden Pflegeheimbetreiber oder Pflegebedürftige mit guter Rente beziehungsweise Pension als Mieter zu bekommen. Dann deckt in der Finanzierungsphase die Miete die Darlehensraten und die laufenden Instandhaltungskosten ab. Die steigenden Mieten sorgen dafür, dass das auch künftig der Fall sein wird.

Im Alter ist die Immobilie abgezahlt und kann dann für monatliche Renteneinkünfte sorgen. Sicherlich werden Sie auch in eine solche Immobilie immer wieder investieren müssen. Dafür bilden Sie am besten aus den Mietzahlungen Rücklagen. Aber ein Teil der Mieteinnahmen sind direkte Renteneinkünfte oder Beiträge für eine künftige Altersvorsorge. Manchmal zahlt die Miete auch der Staat. Das ist dann der Fall, wenn die Mieter Wohngeld bekommen und die Miete vom Amt bezahlt wird. Auch hier muss aber geprüft werden, ob die Mieter solide sind, das heißt, ob sie sich um die Wohnung kümmern und sie nicht verkommen lassen. Oft sind die Mieteinnahmen dann geringer als bei einer Vermietung auf dem freien Markt.

Ein Vermieter kann immer auch mal Pech mit seinen Mietern haben. Auch hier lohnt sich eine Vorsorge durch eine Rechtsschutzversicherung. Auch eine Gebäudehaftpflichtversicherung gehört dazu. Wer nicht in eine ganze Pflegimmobilie investieren kann oder will, kann sich über entsprechende Fonds daran beteiligen. Auch hier sollten die gleichen Kriterien zugrunde gelegt werden wie beim Kauf einer eigenen Immobilie. Sie sollten also nicht nur aufgrund eines Prospekts ein solches Investment tätigen, sondern auch bei der Beteiligung an einem entsprechenden Fonds das Objekt und die Umsetzung vor Ort prüfen und ansehen. Achtung, oft finanzieren solche Fonds die betreffenden Objekte mit einem hohen Fremdkapitalanteil. Das birgt Risiken. Auch wird durch die Zinszahlungen die Rendite geschmälert. Also, vorher über die Details informieren.

Wichtig ist die sorgfältige Auswahl des Investments. Mein Onkel sagte mir immer, die meisten Leute nehmen viel auf sich, um ein Auto oder eine Waschmaschine auszusuchen. Sie kaufen Testhefte, informieren sich im Internet etc. Aber bei einer Immobilie werde die Entscheidung kurzfristig und emotional und eben nicht nach sachlichen Kriterien getroffen, die überprüfbar seien. Das sei ein großer Fehler. Mein Onkel ermahnte mich immer wieder: Mach nicht den gleichen Fehler, informiere dich. Und mein Onkel musste es wissen, denn er war als Notar über viele Jahrzehnte tätig und bekam entsprechend viele Immobilienkäufe. Auch besaß er selbst Immobilien. Von dieser Erfahrung können auch Sie profitieren.

Dadurch, dass es hierzulande immer mehr Senioren gibt, wächst der Bedarf an Pflegeimmobilien und wird auch in Zukunft weiterwachsen. Hier lassen sich häufig hohe Renditen erzielen. Daher sollten Sie dieses Investment einmal genauer betrachten. Womöglich eignet es sich als Baustein, um früher mit mehr Geld in Rente zu gehen.

Die Investition in Pflegeimmobilien erfreut sich immer größerer Beliebtheit und ist längst nicht mehr nur eine Angelegenheit für Großinvestoren. Es besteht ein steigender Bedarf an Pflegeleistungen und Pflegeheimen. Im Gegensatz zur regulären Immobilie kann die Pflegeimmobilie einen Mehrwert erzeugen und bringt eine Vielzahl an positiven Aspekten mit sich. Aber auch bei diesem Investment ist Vorsicht geboten. Sie müssen, wie bei jeder Immobilie, sorgfältig auswählen, prüfen und abwägen.

Beispiel: Investition in einen geschlossenen Pflegeimmobilienfonds
Sie legen mit 20 weiteren Personen als Beteiligung an einer Kommanditgesellschaft (KG) insgesamt 300.000 Euro in einer Pflegeimmobilie an. Die KG kümmert sich um Verwaltung und Abwicklung. Die Immobilie ist langfristig an einen großen kirchlichen Pflegedienstleister vermietet. Die Mietrendite liegt netto vor Steuern zwischen 4 und 5 Prozent, kann sogar auf bis zu 7 Prozent steigen. Damit können Sie eine Bruttorente von mindestens 1.000 bis 1.250 Euro monatlich generieren.

Eine Pflegeimmobilie hat gegenüber anderen Immobilien folgende Vorteile als Anlage zur Altersvorsorge:

- Langfristige Mietverträge durch Pflegeheimbetreiber sind üblich. Das bringt Ihnen langfristig planbare Mieteinnahmen.
- Sie haben keinen Verwaltungsaufwand damit, da die Bewirtschaftung der Immobilie durch einen Fremdanbieter oder die Beteiligungsgesellschaft erfolgt. Achten Sie darauf, dass die Beteiligungsgesellschaft die Rechtsform einer KG oder GmbH & Co. KG hat. Auf keinen Fall sollte es sich dabei um eine GbR oder OHG handeln, da Sie dann als Investor (und Gesellschafter der betreffenden Unternehmens) unbeschränkt persönlich für Verbindlichkeiten der Gesellschaft haften. In der Rechtsform der KG sollten Sie nur als Kommanditist beteiligt sein – auch das schließt eine unbeschränkte persönliche Haftung aus.
- Sie können attraktive Mietrenditen erzielen.

- Unter bestimmten Voraussetzungen erhalten Sie eine staatliche Förderung: Eine staatliche Förderung kann bei förderungswürdigen Immobilien einbezogen werden. Dazu zählen stationäre Pflegeheime, Hospize, Behindertenheime und psychiatrische Einrichtungen. Entsteht ein Leerstand der Pflegeimmobilie oder eine Zahlungsunfähigkeit des Bewohners, muss bei förderungswürdigen Immobilien nicht auf Mieteinnahmen verzichtet werden. Der Staat springt dann ein. Zu den nicht förderungswürdigen Immobilien gehören Wohnformen wie das altersgerechte betreute Wohnen.
- Sie können auch für die Zukunft von einer positiven Pflegemarktentwicklung durch den demografischen Wandel ausgehen.
- Sie müssen nur geringe Instandhaltungskosten selbst tragen, da sich diese regelmäßig auf den Betreiber abwälzen lassen. Auf eine entsprechende Vereinbarung im Mietvertrag sollten Sie achten. Das ist beispielsweise bei Renovierungen oder Sanierungen, die die investierte Pflegeimmobilie betreffen, der Fall.
- Sie genießen steuerliche Vorteile durch Abschreibungen. Achten Sie daher bei der Auswahl der Immobilie auch auf die Vertragsgestaltungen. Lassen Sie sich alles genau zeigen und erklären. Nur, wenn alles stimmt, eignet sich das Investment als sichere Altersvorsorge. Holen Sie sich Rat von einem Experten und lassen Sie im Zweifel die Finger davon, wenn das Konzept nicht stimmig und die Finanzierung nicht solide erscheint. Auch das hat mir mein Onkel immer wieder eingebläut.

Natürlich erzielen Sie mit Pflegeimmobilien keinen kurzfristigen Gewinn, auch keine schnelle Rendite. Haben Sie jedoch die Immobilie gut ausgewählt, werden Sie langfristig eine stetige Rendite erzielen können.

Achten Sie darauf, nur solide, bekannte Gesellschaften als Pflegeheimbetreiber und damit Mieter auszuwählen. Am besten arbeiten Sie mit einem großen Träger, wie zum Beispiel einer kirchlichen oder kommunalen Einrichtung, als Betreiber der betreffenden Einrichtung zusammen, um ein Insolvenzrisiko auszuschließen. Denn das ist der größte Knackpunkt bei einer solchen Investition.

Fazit

- Aufgrund des demografischen Wandels besteht ein großer Bedarf an Pflegeimmobilien.
- Eine Beteiligung ist auch im kleineren Rahmen über geschlossene Fonds bzw. den Kauf von Gesellschafteranteilen (meist an einer KG) möglich.
- Möglich sind langfristige und stetige Renditen, die ohne großen Verwaltungsaufwand erzielbar sind.

22.4 MEHR RENTE MIT IMMOBILIEN: DIE UMKEHRHYPOTHEK

Mit einer sogenannten Umkehrhypothek lässt sich die eigengenutzte Immobilie in Geld für die Altersvorsorge umwandeln, ohne dass die Selbstnutzung entfällt. Voraussetzung ist ein schuldenfreies Eigenheim. Ist dieses vorhanden, können Sie Geld für die Altersvorsorge generieren, ohne das Haus oder die Eigentumswohnung verkaufen zu müssen.

Es gibt verschiedene Anbieter, die dieses in den USA und Großbritannien verbreitete Modell auch in Deutschland anbieten. Sie beleihen Ihre Immobilie und bekommen einen Kredit, für den Sie während der Laufzeit keine Zinsen und keine Tilgung zahlen müssen. Die Kreditsumme mitsamt aufgelaufenen Zinsen wird erst fällig, wenn Sie ableben, das Haus verkaufen oder dauerhaft ausziehen.

Die Tilgung der Kreditsumme und die aufgelaufenen Zinsen werden dann in einer Summe aus dem Verkaufserlös der Immobilie bestritten. Umkehrhypothek heißt das Ganze, weil die Kreditsumme im Laufe der Zeit durch die auflaufenden Zinsen immer größer wird und nicht etwa kleiner wie ansonsten bei einem normalen Tilgungsdarlehen.

Gerade in Zeiten niedriger Zinsen wird dieses Modell wieder attraktiv, obwohl die Zinsen hier höher sind als bei der üblichen Immobilienfinanzierung.

Allerdings müssen die Kreditnehmer in der Regel bei den meisten Anbietern mindestens 65 Jahre alt sein und eine unbelastete Immobilie in attraktiver Lage und gutem Zustand haben. Somit kommt dieses Modell allenfalls als Alterszusatzrente ein Betracht und nicht für unser Ziel, früher mit mehr Geld in Rente zu gehen.

Fazit

- Eine Umkehrhypothek ist ein weiterer Weg, Kapital für die Altersvorsorge über eine Immobilie zu generieren.
- Es handelt sich dabei um einen Kredit, der im Laufe der Zeit zunimmt.
- Es besteht allerdings keine Möglichkeit, um damit früher in Rente zugehen. Sehr wohl aber lassen sich ab dem Alter von 65 die Renteneinkünfte damit aufbessern.

23. AKTIEN UND FONDS

Grundsätzlich kommen auch Aktien und Fonds als Ansparmöglichkeit für die Altersvorsorge in Betracht. Langfristig gesehen haben Aktien im Durchschnitt der vergangenen Jahrzehnte bei langem Anlagehorizont zu Vermögenssteigerungen geführt. Einzelne Werte haben jedoch auch erhebliche Kursverluste erlitten. Möglich ist mit einem Aktieninvestment sogar ein Totalverlust, wenn das betreffende Unternehmen insolvent wird.

Aus diesem Grunde bergen Aktien ein hohes Risiko. Sie sind damit für den risikoarmen Aufbau von Altersvorsorgevermögen nicht geeignet. In einer diversifizierten Form aber eignet sich ein Aktienportfolio durchaus zum Vermögensaufbau und auch zu Ansparplänen – in Form von Investmentfonds oder Dachfonds.

23.1 KLASSISCHE FONDS UND FONDSSPARPLÄNE

Dachfonds sind Fonds, die wiederum in andere Fonds investieren und damit eine noch größere Streuung erzielen. Damit wird das Kursverlustrisiko minimiert. Dabei müssen Sie jedoch bedenken, dass Kosten für Depotführung und Verwaltung und Ausgabeaufschläge beim Kauf der Fonds anfallen.

Ihre Rendite besteht aus den Fondserträgen und den Wertsteigerungen abzüglich der Kosten. Es gibt derzeit viele solcher Fonds, die in der Vergangenheit Nettorenditen von 3 bis 7 Prozent erzielt haben, manche sogar darüber hinaus. Das ist natürlich keine Garantie für die Zukunft. Aber in Form von Sparplänen – dem Kauf von Fondsanteilen in regelmäßigen, stets gleich hohen Raten – erscheint das Investment in Fonds durchaus zum Vermögensaufbau für das Alter geeignet.

Besparen Sie regelmäßig einen Fonds, kann sich bei einer Rendite von 3 Prozent je nach Sparrate das aus der Tabelle 20 ersichtliche Vermögen für die Altersvorsorge ergeben. Damit haben Sie einen soliden Vermögensaufbau. Welche monatlichen Renten sich aus einem entsprechenden Vermögen generieren lassen, können Sie in Tabelle 15 in Kapitel 16 dieses Buches nachlesen.

Tabelle 20: Vermögensbildung bei einem Fonds mit 3 Prozent Nettorendite

Monatliche Fondssparrate (in Euro)	Anspardauer				
	10 Jahre	20 Jahre	30 Jahre	40 Jahre	50 Jahre
50	6.990	16.384	29.009	45.975	68.777
100	13.980	32.768	58.018	91.951	137.555
200	27.960	65.536	116.036	193.903	275.111
300	41.940	98.305	174.054	275.855	412.667
500	69.901	163.842	290.091	459.759	687.778
1000	139.802	327.684	580.182	919.518	1.375.557

Suchen Sie sich jedoch die Fonds, in die Sie investieren, mit Bedacht aus und informieren Sie sich gründlich vor dem Kauf. Sie können dann bei jeder Bank ein Depot errichten. Auch hier sollten Sie sich im Vorfeld über die Kosten informieren. Dann können Sie mit dem Fondssparen beginnen.

Nun stelle ich Ihnen ganz im Sinne meines Onkels verschiedene Anlagestrategien für Aktien und Fonds im Vergleich vor. Ob Sie mit Sparen vermögend werden, hängt von Ihrer Disziplin und der erzielten Rendite ab.

Das ist in den vorliegenden Zeiten bei niedrigen Zinsen nicht einfach. Das wissen wir alle. Allen voran mein Onkel. Dazu gehört vor allem aber das Wissen und die Fähigkeit, die richtigen langfristig stabilen und renditestarken Anlagen zu finden. Beides ist nicht einfach.

Der Erfolg einer guten Anlage beruht auf einer gut überlegten Strategie. Diese ist der Schlüssel zu einem gesunden Vermögensaufbau für den vorgezogenen Ruhestand.

Als Grundprinzip unserer Strategie, basierend auf den Erfahrungen meines Onkels, halten wir als Erstes einmal das Prinzip der Diversifikation fest. Das bedeutet, die eigenen Geldanlagen auf verschiedene Investmentmodelle zu verteilen. Damit minimieren Sie das Risiko Ihrer Anlage.

Daneben ist es erforderlich, sich laufend zu informieren, um immer einen Schritt vorausplanen zu können. Das heißt, Sie sollten am Ball bleiben und sich laufend die aktuellen Informationen besorgen und Angebote einholen. Dabei hilft das Internet enorm, da dort alles verfügbar ist, was Sie anlagetechnisch benötigen.

Dann ist das Timing entscheidend. Sie sollten sich, wie Sie es oben schon getan haben, Statistiken zunutze machen und dann den richtigen Zeitpunkt zum Einstieg erwischen. Wem das schwerfällt, für den sind laufende Sparpläne die Lösung, da sie den sogenannten Cost-Average-Effekt, den Durchschnittskosteneffekt erzielen, da für die immer gleiche Sparrate manchmal zu wenig, mal mehr eingekauft wird, je nachdem, ob der Kurs des jeweiligen Fonds gerade hoch oder niedrig ist. Der Durchschnitt ist entsprechend günstig, und das ist gut für eine langfristige Anlage.

Beispiel: Gute Fonds für einen Sparplan

Wenn Sie die steigende Lebenserwartung, die niedrigen Zinsen und den wachsenden Gesundheitsmarkt sehen, werden Sie feststellen, dass derzeit Immobilien und der Gesundheitsmarkt stark im Kommen sind. Setzen Sie auf entsprechende Fonds und die stetige Rendite ist Ihnen sicher. Gerade die Ärzte- und Apothekerbanken sind hier gut aufgestellt. Mittlerweile haben sich diese Banken auch für Kunden geöffnet, die nicht Ärzte oder Apotheker sind, wenn Sie ein bestimmtes Volumen anlegen. Aber auch andere Anbieter haben den Gesundheitsmarkt als Fonds im

Angebot, etwa die Allianz, die nicht nur Versicherungen verkauft, sondern auch Fonds unter dem Namen Allianz Global Investments (AGI).

Grundsätzlich gibt es verschiedene Anlagestrategien. Sie können aktiv oder passiv investieren, in einzelne Aktien oder in Fonds. Mein Onkel hat die verschiedenen Strategien in einzelne Kategorien eingeteilt. Wir wollen uns diese einmal etwas genauer ansehen:

- **Die Wachstumsstrategie.** Dabei wird in neue Wachstumsmärkte wie in den Gesundheitsmarkt investiert, vornehmlich gestreut in verschiedene strategische Fonds.
- **Die Value-Strategie.** Damit investieren Sie in unterbewertete Unternehmen, da diese ein hohes Wertsteigerungspotenzial haben. Dabei spielt die Dividendenrendite nur eine untergeordnete Rolle.
- **Die Kaufen-und-Halten-Strategie.** Sie zielt auf langfristiges Investieren ab und sollte auch in Form von Fonds erfolgen, die solide alteingesessene Unternehmen im Portfolio haben. Hier bieten sich klassische Produktivfirmen, aber auch bewährte Internet-Unternehmen, wie Alphabet (Google) oder Amazon an.
- **Die antizyklische Strategie.** Sie erfordert ein Investment in Werte, die gerade in einer Rezession sind. Das ist nur zu festzustellen, wenn man sich laufend informiert. Mir fällt das immer wieder schwer, da ich wenig Zeit habe, sodass mein Onkel mir von dieser Strategie abriet.
- **Dann gibt es noch die Dividenden-Strategie.** Hier wird nur in Unternehmen investiert, die eine jährliche Dividendenrendite von mindestens 3 Prozent abwerfen. Auch das ist keine Garantie für die Zukunft. Unternehmen, die hohe Dividendenrenditen auszahlen, sind jedoch langfristig oft sehr solide aufgestellt.

23.2 ETFS: EINE BESONDERE FORM DER FONDSANLAGE

ETFs stellen eine Unterkategorie der Fondsanlage dar. Es handelt sich dabei um Indexfonds (ETFs = Exchange Traded Funds, börsengehandelte Fonds), welche Aktienindizes wie den Dax, den Weltaktienindex MSCI World, den EuroStoxx oder andere nachbilden.

Damit erzielen sie positive Renditen, wie die meisten Aktieninvestments, ohne ein allzu hohes Risiko zu tragen. Die Kosten halten sich ebenfalls im Rahmen, sie sind weitaus günstiger als bei aktiv gemanagten Fonds. Es handelt sich also um ein durchaus interessantes Investment. Mein Onkel hat es allerdings nicht mehr ausprobiert, weil es zu seiner Zeit ETFs noch gar nicht gab. Ich bin jedoch ein großer Fan davon.

Allerdings gilt auch hier der Grundsatz: Nicht alles auf eine Karte setzen. ETFs kaufen Sie bei Ihrer Bank, online oder durch den Gang in eine Filiale. Dafür eröffnen Sie ein Depot, wo Sie dann diese ETF-Papiere ordern. Auch hier haben Sie die von mir empfohlene Möglichkeit, das Vermögen aufzubauen über Sparpläne, in die Sie regelmäßig einzahlen. Über mehrere Jahre hinweg kommt hier aufgrund der recht hohen Rendite auch ein beträchtliches Vermögen zusammen.

Ein ETF ist die Nachbildung eines Börsenindex. Im einfachsten Fall nimmt die Fondsgesellschaft das Geld der Anleger und kauft dafür all jene Wertpapiere, Aktien oder Anleihen der Unternehmen, die im betreffenden Index enthalten sind. Das sind zum Beispiel alle Unternehmen des DAX, des Deutschen Aktienindex, in der jeweiligen Zusammensetzung und Gewichtung.

Das Ziel des ETF besteht darin, genau die Rendite zu erzielen, die der zugrunde liegende Aktienindex, beispielsweise der DAX, erzielt. Damit werden nicht die Einzelwerte, sondern es wird der Index-Durchschnitt abgebildet. Das wird zur Grundlage der Rendite gemacht. Da die meisten großen Indizes in den vergangenen Jahren und Jahrzehnten im Durchschnitt gestiegen sind, stellt ein solcher ETF eine durchaus attraktive Anlage zum Vermögensaufbau dar.

Mit einem DAX-ETF ließen sich in der Vergangenheit Renditen von durchschnittlich 7 Prozent erzielen. Es ist durchaus sogar mehr drin, je nachdem, auf welchen ETF Sie setzen und wie lange Sie investiert bleiben. Das sind beste Voraussetzungen für unsere Sparpläne.

ETFs kosten deutlich weniger als aktiv verwaltete Fonds, bei denen ein Fondsmanager Aktien einzeln aussucht und managt, also immer wieder verkauft und durch andere ersetzt. Solche Fondsmanager bekommen sehr viel Geld. Diese Kosten entfallen bei ETFs, da sich die Zusammensetzung und Gewichtung der Aktien im Portfolio einfach nur am jeweiligen Index orientieren. Die laufenden Kosten liegen regelmäßig bei weniger als einem Drittel dessen, was ein herkömmlicher Fonds kostet.

Allerdings gehen Indexfonds oftmals unterschiedlich an die Aufgabe heran, einen Aktienindex nachzuempfinden. Man unterscheidet zwei verschiedene Bauarten von ETFs:

- Es gibt physische ETFs, die einfach die Wertpapiere beziehungsweise Aktien im Index nachkaufen. Man spricht auch von voll replizierenden ETFs. Dabei handelt es sich um sehr transparente und offensichtlich klare Anlagen.
- Daneben gibt es die sogenannten synthetischen ETFs, die, statt die Index-Aktien einzeln zu kaufen, ein ganz anderes Portfolio haben, dessen Wertentwicklung sie dann mit einer Bank gegen diejenige des jeweiligen Index eintauschen. Man spricht hier auch von Swap ETFs. Hier ist das Modell nicht mehr ganz so transparent und von der Bonität der Bank abhängig, die als Tauschpartner fungiert. Es wird unsicherer. Aus meiner Sicht sollten Sie physische ETFs vorziehen, auch wenn synthetische ETFs oft etwas günstiger sind.

Zudem wird noch zwischen ausschüttenden ETFs und thesaurierenden ETFs unterschieden. Ausschüttende ETFs schütten die Dividenden der im Portfolio enthaltenen Aktienwerte an die ETF-Anteilseigner aus und legen sie nicht wieder an.

Im Gegensatz dazu gibt es die thesaurierenden ETFs, die die Dividenden erneut in das Fondvermögen investieren und damit den Wert ihrer Anteile erhöhen. Letzteres zielt auf den langfristigen Vermögensaufbau und eignet sich daher besser zum Ziel einer Altersvorsorge und einer vorgezogenen Rente. Sie sollten daher auf physische, thesaurierende ETFs setzen.

Eines sollten Sie noch wissen: Grundsätzlich gilt für jeden Fonds und auch für alle ETFs, dass es sich dabei um Sondervermögen handelt. Ein solches Sondervermögen ist zwar nicht von der Einlagensicherung bis zu 100.000 Euro pro Bank und Kunde geschützt, allerdings gibt es einen eingebauten Insolvenzschutz. Geht die Fondsgesellschaft pleite, bleibt das Vermögen im Fonds allein im Eigentum der Fonds- beziehungsweise ETF-Anteilseigner. Sollte also Ihr ETF-Anbieter insolvent werden, gehören Ihre Anteile weiterhin Ihnen.

Das Gesetz schreibt vor, dass Fondsgesellschaften das Vermögen ihrer Kunden, also ihre Fondsanteile, getrennt vom Unternehmensvermögen aufbewahren müssen, was die Institute bei unabhängigen Depotbanken tun. Das verhindert, dass das Anlegervermögen bei einer Pleite der Fondsgesellschaft in die Insolvenzmasse fällt und damit zur Schuldentilgung bei den Gläubigern dient. Geht auch die Depotbank pleite, ist gesetzlich vorgeschrieben, dass Ihre Anteile dann an einen anderen Treuhänder für Sie gehen. Also sind Ihre Anlagen in einem Fonds oder ETF besser geschützt als normale Bankeinlagen, für die eine Grenze von 100.000 Euro pro Bank und Kunde gilt. Das ist ein weiteres gutes Argument für die Fondsanlage zur Altersvorsorge.

Fazit

- ETFs sind eine kostengünstige und renditestarke Anlage.
- ETFs können auch in Form von Sparplänen mit regelmäßigen Raten bespart werden.
- ETFs stellen bei Banken Sondervermögen dar.

24. RENTEN- UND LEBENSVERSICHERUNGEN

In eine Lebens- oder Rentenversicherung zahlen Sie Geld ein, das der Versicherer in einem vom Gesetzgeber vorgegebenen Rahmen anlegt. Dafür nimmt der Versicherer Gebühren und der Vermittler bekommt aus Ihrem Geld eine Vermittlungsprovision. Die Garantiezinsen klassischer (also nicht fondsgebundener) Lebensversicherungen sind in den vergangenen Jahren so stark gesunken, dass ein Neuabschluss als Altersvorsorge derzeit nicht attraktiv ist.

Viele Anbieter bieten klassische Lebens- und Rentenversicherungen erst gar nicht mehr an. Bestehende alte Versicherungen sollten Sie jedoch nicht kündigen; es lohnt sich meist, sie beizubehalten. Denn früher war der Garantiezins höher, und seine Höhe richtet sich stets nach dem Abschlussjahr. Eine Kündigung würde dagegen zu hohen Kosten und damit Verlusten führen. Informieren Sie sich über Ihren Garantiezins. Die Überschussbeteiligung, die es zusätzlich gibt, wird in Zukunft geringer als bisher ausfallen oder gar ganz entfallen. Denn auch den Versicherern macht die aktuelle Niedrigzinsphase zu schaffen.

Also hier nutzen wir das Ganze nicht mehr als Baustein unserer Altersvorsorge, wie es mein Onkel noch getan hat. Aber bei einem Abschluss zwischen 1994 und 1999 lag der Garantiezins auch noch bei 4 Prozent. Heute ist dies kaum mehr zu glauben, bei Neuabschlüssen erhalten Sie nur noch 0,9 Prozent garantiert, und ab 2021 wird der Garantiezins für neu abgeschlossene Versicherungen voraussichtlich auf 0,5 Prozent sinken. Schließen Sie also keine neuen klassischen Lebens- oder Rentenversicherungen mehr ab. Allenfalls fondsbasierte Lebens- und Rentenversicherungen bieten noch Renditen. Aber für ein Fonds-Investment müssen Sie, wie wir gesehen haben, keinem

Versicherer Gebühren und keinem Vermittler Provisionen bezahlen, sondern Sie können auch direkt bei Ihrer Bank einen Fondssparplan einrichten.

Klassische Lebens- und Rentenversicherungen sind aufgrund des niedrigen Garantiezinses und der kaum mehr nennenswerten Überschussbeteiligungen und der hohen Kosten so unattraktiv. Ohnehin wird von dem eingezahlten Geld nicht alles investiert, sondern es werden zunächst noch die laufenden Kosten und die Abschlussprovision abgezogen. Bei Versicherungen mit Hinterbliebenenschutz wird außerdem noch eine bestimmte Reserve für die Todesfallleistung abgezweigt. Diese Abzüge müssten Sie bei dem niedrigen Garantiezins erst einmal herausholen. Das heißt, die Kosten reduzieren Ihre Nettorendite noch einmal, sodass die wirkliche Verzinsung noch deutlich unter dem ohnehin schon geringen Garantiezinssatz liegt.

In Tabelle 21 zeige ich Ihnen einmal die Entwicklung der Garantiezinsen von klassischen Lebens- und Rentenversicherungen der letzten Jahre, abhängig vom Jahr des Neuabschlusses. Sie sehen, mein Onkel hatte recht, das Ganze lohnt sich kaum noch. 1999 betrug der Garantiezins noch 4 Prozent. Mit der damals noch recht hohen zusätzlichen Überschussbeteiligung ergaben sich Renditen von oftmals mehr als 5 Prozent.

Tabelle 21: Entwicklung des Garantiezinses

Jahr des Vertragsabschlusses	Höhe des Garantiezinses in Prozent pro Jahr	Jährlicher Ertrag auf 10.000 Euro*
2004-2006	2,75	275 Euro
2007-2011	2,25	225 Euro
2012-2014	1,75	175 Euro
2015-2016	1,25	125 Euro
2017-2020	0,9	90 Euro
Ab 2021 (voraussichtlich)	0,5	50 Euro

* Von dem Ertrag sind die laufenden Kosten und die Abschlussprovision und die Reserven für den Todesfallschutz abzusetzen, hinzu kommen gegebenenfalls Überschussbeteiligungen

Ich habe Ihnen oben bereits aufgezeigt, bei welcher Rendite Sie mit welchem Zinssatz wie viel Vermögen erzielen. Sie sehen daran, wie wenig sich eine klassische Lebens- oder Rentenversicherung derzeit lohnt, vor allem weil die Garantiezinsen möglicherweise weiter sinken werden.

Also müssen Sie nach Alternativen suchen. Allenfalls fondsbasierte Modelle bieten noch bessere Renditen. Allerdings können Sie dann auch direkt in einen Fonds investieren. Sie sparen dadurch die Kosten für den Versicherungsmantel und auch die Abschlussprovision. Nur wenige fondsbasierte Rentenversicherungen sind günstiger als die Direktanlage.

Fazit

- Der Neuabschluss klassischer Renten- und Lebensversicherungen lohnt sich wegen des niedrigen Garantiezinses nicht mehr.
- Alte Verträge sollten Sie jedoch beibehalten und nicht kündigen.
- Suchen Sie nach Alternativen im Fondsbereich.

25. WACHSTUMSFAKTOR GESUNDHEITSMARKT

Die Statistik zeigt: Wir werden immer älter und der prozentuale Anteil der über 60-Jährigen wird bis zum Jahr 2050 und darüber hinaus massiv steigen. Was für die Entwicklung der gesetzlichen Renten negativ ist, eröffnet im Investment-Bereich neue Chancen.

Denn da wir immer länger leben und der Anteil der über 60-Jährigen immer mehr zunimmt, wird folglich in unserer Gesellschaft für Gesundheitsvorsorge, Gesundheitserhaltung und auch die Erhaltung und Wiederherstellung der körperlichen Fitness sowie des Wohlbefindens immer mehr Geld ausgegeben. In diesem Sektor tut sich ein riesiger Zukunftsmarkt auf. Das merken Sie auch daran, dass Relax- und Wellnessangebote sowie der Fitnessmarkt boomen.

Aber auch im Bereich der Zusatzleistungen der Ärzte tut sich viel. Daneben gibt es einen riesigen Markt für Digital-Health-Produkte. Das sind oft digitale Produkte beziehungsweise internetbasierte, fürs Smartphone geeignete Apps, die auf die Verbesserung der Gesundheit zielen. Dazu gibt es immer mehr Technik für Ärzte und Apotheker; von der Software bis zur Hardware tut sich da sehr viel. Dieser Markt boomt und da lohnt es sich natürlich zu investieren. Achten Sie einmal darauf, wie viel Geld Sie selbst in diesem Markt ausgeben. Manchmal bewusst, oftmals auch unbewusst lassen wir alle uns mitreißen. An unserem eigenen Alter einmal Geld zu verdienen, heißt in den Gesundheitsmarkt zu investieren.

Hinzu kommt, dass die Politik angekündigt hat, Start-ups im Gesundheitssektor unterstützen zu wollen, damit innovative Produkte entwickelt werden können. Auch die Krankenkassen sollen sich beteiligen. Aus diesem Grunde liegt hier eine Menge Potenzial, auch für Ihre Altersvorsorge.

Digital Health ist die Digitalisierung des Gesundheitsmarktes, dazu gehört die sogenannte Telemedizin, also die ärztliche Ferndiagnose über eine Smartphone-Kamera, wie das in den USA sehr verbreitet ist. Der Vorteil besteht darin, dass ein Patient nicht mehr zum Arzt gehen muss und sich folglich auch nicht im Wartezimmer anstecken kann. Daneben werden derzeit diverse Gesundheits-Apps getestet. Hier wird sich in Zukunft einiges tun, da unser Gesundheitsministerium solche Innovationen fördert und weiter fördern will. Medizinroboter und künstliche Intelligenz tragen im Gesundheitsmarkt zu weiteren Innovationen bei. Der Markt ist riesig. Investieren Sie also in diesen Wachstumsmarkt für Ihre Altersvorsorge.

Der Klimawandel trägt dazu bei, dass sich neue Krankheiten ausbreiten. Durch Verbreitung bestimmter Tierarten, wie Anopheles- oder Tigermücken, die sonst hier nicht heimisch sind, verbreiten sich Krankheiten wie Malaria oder Dengue-Fieber immer weiter. Auch hier gehört die Entwicklung von immer neuen Medikamenten zur Wachstumsbranche Gesundheitsmarkt.

Aufgrund unserer immer schnelleren und immer stärker digitalisierten Welt nehmen auch psychische Erkrankungen zu. Auch hier gibt es innovative Produkte zur Behandlung und es besteht auch Bedarf an vorsorgenden Produkten.

Präventive Maßnahmen und Produkte sowie Wellness-, Relax- sowie Fitness- und andere gesundheitsfördernde Produkte und Maßnahmen gehören ebenfalls zum Wachstumsmarkt Gesundheit.

Also wir können zusammenfassen: Da die Gesellschaft immer älter wird, der Anteil der über 60-Jährigen stark steigt und die Gesundheitsvorsorge und die -erhaltung immer wichtiger werden, geht der Trend hin zu einer erhöhten Bereitschaft, zusätzlich zu den Krankenkassenbeiträgen viel Geld in diesem Bereich auszugeben. Entsprechend zukunftsträchtig ist die Gesundheitsbranche, und sie ist außerdem weitgehend konjunkturunabhängig. Der Gesundheitsmarkt verspricht langfristiges und stetig steigendes Wachstum.

Zudem werden die Krankenkassen vom Gesetzgeber zur Übernahme von innovativen Gesundheitstrends verpflichtet. Das heißt, der Markt ist innovativ. Je älter wir selbst werden, desto mehr dieser Leistungen nehmen wir selbst in Anspruch und desto wichtiger wird uns auch das Thema Prävention. Sehen Sie auf Ihr eigenes Verhalten.

Selbst mein Onkel, der in jungen Jahren immer ungesund lebte und sich von Fastfood ernährte, besann sich mit zunehmendem Alter und achtete – erst recht nach einem Schlaganfall – stark auf seine Gesundheit. Er gab vor allem viel Geld dafür aus, denn das hatte er ja. Er wurde über 90 Jahre alt. Legen Sie also Ihr Geld im Gesundheitsmarkt an, dann sind Sie womöglich irgendwann selbst Ihr bester Kunde.

Fest steht, dass der globale Gesundheitsmarkt langfristig stabil und weitgehend konjunkturunabhängig wachsen wird. Das liegt, wie bereits erwähnt, am demografischen Wandel. Er wird zukünftig stark zulegen und überdurchschnittliche Renditen erzielen. Die Ärzte- und Apothekerbank schätzt,[24] dass das bis zum Jahr 2030 etwa 6 Prozent pro Jahr sein dürften. Damit ist das Wachstum größer als das der Weltwirtschaft insgesamt. Das ist noch ein Grund, uns für unser Vorsorgeziel speziell diesen Markt vorzuknöpfen.

Allerdings sollten Sie auf keinen Fall in Einzelwerte oder einzelne Unternehmen investieren. Das Risiko ist viel zu hoch. Das ist etwas für professionelle Anleger oder sogenannte Business Angels, aber nicht für die eigene Altersvorsorge und den vorgezogenen Ruhestand. Es könnte sonst sein, dass Ihr Kapital aufgrund einer Fehlinvestition vernichtet wird. Außerdem können Sie kaum beurteilen, ob ein einzelnes Start-up am Ende wirklich marktfähig ist. Hinzu kommt, dass solche Unternehmen häufig als Kapitalgesellschaften und damit als eigene juristische Rechtspersönlichkeiten organisiert sind. Geht das Unternehmen in die Insolvenz, ist Ihr Kapital komplett weg. Das darf nicht sein. Lassen Sie also die Finger von Einzelwerten. Die Auswahl der Unternehmen und das Investieren sollten Sie Profis überlassen. Dafür gibt es breit gestreute Gesundheitsfonds, die langfristig sichere und hohe Renditen versprechen, da sie in sehr viele unterschiedliche Unternehmen investieren. Das wiederum ist für die Altersvorsorge gut geeignet. Sie sollten das Ganze also Fondsmanagern überlassen, die sich in diesem Segment auskennen und die damit Erfahrung haben. Dann können Sie von dem stark boomenden und zukunftsträchtigen Gesundheitsmarkt im Alter selbst profitieren und früher mit mehr Geld in Rente gehen.

Auch hier gilt: Streuen Sie in unterschiedliche Produkte. Die größte Erfahrung haben sicherlich schon langfristig auf diesem Markt tätige Banken und Institutionen. Auch wenn ich kein Anlageberater bin, kann ich Ihnen dazu sagen, dass die Ärzte- und Apothekerbank sicherlich eine hohe Erfahrung aufzuweisen hat, da diese Bank für Ärzte und Apotheker tätig ist. Das Beste ist, dass diese Bank sich zum Teil auch für andere Anleger geöffnet hat und ihre Gesundheitsfonds auch über andere Anbieter für Sie auf den Markt bringt. Andere Anbieter sind etwa J. P. Morgan mit seinem Investmentfonds JPM Global Healthcare, Blackrock mit seinem World Healthscience Fund, die Deutsche-Bank-Tochter DWS mit ihrem Health Care Fonds und zahlreiche andere. Auch hier gibt es bereits neben dem stets möglichen Einmalkauf auch Sparpläne, die es ermöglichen, ratenweise in solche Fonds zu investieren.

Fazit

- Der Gesundheitsmarkt ist ein Wachstumsmarkt.
- Aufgrund der demografischen Entwicklungen wächst der Markt für innovative und vorsorgende Produkte im Gesundheitsbereich.
- Sinnvoll erscheint es, hier nicht in Einzelwerte zu investieren, sondern in Fonds mit Fokus auf den Gesundheitsmarkt beziehungsweise in entsprechende Sparpläne.

26. SONSTIGE ANLAGEN, GELDMARKTFONDS, P2P-KREDITE U.A.

Natürlich gibt es noch viele andere Anlagemöglichkeiten. Die besten und wichtigsten für Ihre sichere Altersvorsorge habe ich Ihnen vorgestellt. Festgelder und Sparguthaben eignen sich derzeit zum Vermögensaufbau nicht. Schuld ist das niedrige Zinsniveau. Für Guthaben werden in Zukunft gegebenenfalls sogar Negativzinsen fällig. Auch bei einer Nullverzinsung verlieren Sie Kapital, da die Inflation steigt und die Kaufkraft für Ihr Geld sinkt. Aus diesem Grunde sollten Sie, wie oben geschildert, den Vermögensaufbau betreiben, klassische und innovative Produkte mischen und natürlich Ihre Anlagen streuen. Investieren Sie in verschiedene Sparpläne und sichern Sie sich auf diese Weise Erträge für das Alter, um früher mit mehr Geld in Rente gehen können.

Der Vollständigkeit halber wollen wir uns trotzdem noch mit ein paar weiteren Anlagemöglichkeiten beschäftigen. Kunstgegenstände, Oldtimer oder gar Uhren eignen sich nicht für eine sichere Altersvorsorge, da es sich um reine Spekulationsobjekte handelt. Spekulieren kann, wer Risiken eingehen will, den Markt kennt und einen Totalverlust verkraften kann. Aber für eine Altersvorsorge sind diese vermeintlichen Investments ungeeignet.

Es gibt weiterhin sogenannte Geldmarktfonds. Das sind Investmentfonds, die hauptsächlich in Geldmarkttitel investieren. Dazu gehören zum Beispiel Staatsanleihen mit kurzer Restlaufzeit oder Einlagezertifikate (Certificates of Deposit) von Banken. Es handelt sich um eine recht sichere Anlage, die aber derzeit nur sehr geringe Renditen erzielt, was abermals am aktuellen Niedrigzinsniveau liegt. Teilweise verzeichnen Geldmarktfonds aktuell sogar negative Wertsteigerungen und damit Verluste.

Geldmarktfonds ermöglichen es Ihnen als Privatanleger, in kurzlaufende Anleihen und andere Rentenpapiere zu investieren, die sonst nur institutionellen Anlegern wie Banken, Versicherungen oder Pensionsfonds vorbehalten sind. Sie können sich ja einmal mit den Renditen der Geldmarktfonds auseinandersetzen. Ich halte sie derzeit für die Altersvorsorge aufgrund der geringen Renditen nicht geeignet für unseren Zweck, früher mit mehr Geld in Rente zu gehen. Aber das kann sich in Zukunft auch wieder ändern. Also bleiben Sie dran und beobachten Sie den Markt.

Seit einiger Zeit gibt es auch die Möglichkeit, das eigene Geld privat über Online-Plattformen als Darlehen an Kreditnehmer zu vergeben. Diese Möglichkeit nennt sich Peer-to-Peer-Kredite (abgekürzt: p2p-Kredite). Auch hier können noch halbwegs ordentliche Renditen nach Abzug aller Kosten erzielt werden. Ich halte das jedoch für eine sehr riskante Anlageform, die nicht für eine sichere Variante der Altersvorsorge geeignet scheint. Das Ausfallrisiko ist zu hoch.

Anlageformen gibt es daneben noch viele. Doch Sie wollen möglichst wenig Risiko eingehen und dabei eine anständige Rendite erzielen. Da wir derzeit ein absolutes Niedrigzinsniveau mit drohenden Negativzinsen haben und sich daran auch kurzfristig nichts ändern wird, verbietet sich eine Geldanlage per Sparbuch, Tages- oder Festgeld.

Auch Gold schwankt im Preis zu stark, als dass es als sichere langfristige Anlage infrage käme. Denn wenn der Goldpreis gerade niedrig ist zu dem Zeitpunkt, in dem Sie in den Ruhestand gehen wollen, dann sieht das für Ihr Ziel schlecht aus. Gold ist ein Spekulationsobjekt. Wer Spaß am Spekulieren hat, kann damit vielleicht ordentliche Gewinne erzielen. Wer das tut, muss jedoch ständig am Ball bleiben und die Goldpreisentwicklung beobachten. Zudem lösen der Kauf und der Verkauf über Banken oder spezialisierte Goldhändler erhebliche Kosten aus. Entsprechend ist Gold für eine langfristig und stetig steigende Altersvorsorgeanlage nicht sonderlich geeignet. Gold muss zu niedrigen Preisen gekauft werden und zu hohen Preisen verkauft werden. Es gibt zwar auch börsengehandelte Goldanlagen, sogenannte Gold-ETCs (Exchange Traded Commodities, also börsengehandelte Rohstoffe), bei denen die Transaktionskosten etwas niedriger sind. Aber daran, dass die Goldpreisentwicklung sich künftig schlichtweg nicht prognostizieren lässt, ändert das nichts.

Darum bleiben nur die oben aufgezeigten bewährten Möglichkeiten. Das sollten Sie beherzigen, da die Erfahrung zeigt, dass diese Anlagemodelle beständig und vor allem sicher sind. Auch mein Onkel profitierte stets von seinen Erfahrungen und denen anderer. Nur waren damals die Zeiten noch andere. Es gab noch gute Zinsen für sichere Festgeldanlagen. Das ist heute anders. Darum gilt es, Schlussfolgerungen aus neuen Erfahrungen zu ziehen und sie dann in bewährte Anlageformen umzusetzen.

Klar ist: Wer bereit ist, hohe Risiken einzugehen, hat mehr Möglichkeiten, Geld zu investieren. Er nimmt aber auch ein größeres Risiko auf sich, alles zu verlieren. Das wollen Sie gerade nicht, da Ihnen Ihr Ruhestand am Herzen liegt, den Sie möglichst vor dem gesetzlich vorgesehenen Renteneintrittsalter antreten und dann genießen wollen. Dabei wollen Sie sogar etwas mehr zur Verfügung haben, als die Rente eigentlich hergibt. Ich habe Ihnen hier bewährte Möglichkeiten aufgezeigt, früher mit mehr Geld in Rente zu gehen.

Fazit

- Vermeiden Sie riskante Anlagen und spekulieren Sie nicht mit Ihrem Geld.
- Setzen Sie auf langfristige, stetige Renditen und regelmäßige Wertsteigerungen.
- Beobachten Sie den Markt.

27. FAZIT: FRÜHER MIT MEHR GELD IN RENTE – DAS GEHT, WENN AUCH NICHT OHNE AUFWAND

Früher mit mehr Geld in Rente zu gehen, wird immer schwieriger, da das Zinstief voraussichtlich noch länger anhalten wird. Die Europäische Zentralbank hat dies durch die Blume verlauten lassen. Wenn die Zinsen dann doch einmal wieder steigen, wird dies in kleinen Schritten und sehr langsam erfolgen. Das hat Auswirkungen auf die bestehenden Rentenanwartschaften, unabhängig davon, ob diese gesetzlich oder privat angesammelt worden sind. Daraus folgt:

1. Wer sein Rentenniveau halten will, muss zusätzlich etwas tun.
2. Wer früher mit mehr Geld in Rente gehen will, muss entsprechend mehr in die eigene Vorsorge stecken.
3. In diesem Bereich lohnt es sich, diszipliniert vorzugehen und möglichst langfristig zu planen.

Hierzu ist es erforderlich, einen Anteil Ihres Nettoeinkommens zur Seite zu legen. Die gesetzliche Rente wird das Niveau, das sie derzeit hat, nicht halten können. Das ist schon daran zu erkennen, dass aktuell die Grundrente beschlossen wurde, um Rentnern mit sehr geringem Rentenbezug eine Aufstockung zu gewähren.

Für Gutverdiener ist ein vorzeitiger Renteneintritt auch ohne Abzüge möglich, dank freiwilliger Sonderzahlungen beziehungsweise Zusatzbeiträgen. Ob sich dies allerdings in der gesetzlichen Rentenversicherung lohnt, erscheint fraglich. Denn es ist nicht auszuschließen, dass das System verändert wird. Auch bei privaten Rentenversicherungen, insbesondere bei klassischen

Renten- und Lebensversicherungen, ist das Zinsniveau stark gesunken, sodass auch hier freiwillige Zusatzbeiträge nur zu einem geringen Ertrag führen, sofern sie überhaupt möglich sind. Entsprechend empfiehlt es sich, auf Fonds auszuweichen. Hier sollte vor allen Dingen auf Wachstumsmärkte wie etwa den Gesundheitsmarkt geachtet werden.

In der gesetzlichen Rente sind Sie umso schlechter abgesichert, je mehr Sie verdienen. Sie müssen zwar ab einem gewissen Einkommen, der sogenannten Beitragsbemessungsgrenze, keine Rentenbeiträge mehr einzahlen. Es entsteht aber auch kein weiterer Rentenanspruch. Einkommen, das über die Beitragsbemessungsgrenze hinausgeht, ist beitragsfrei und erhöht die Ansprüche nicht. Das klingt auf den ersten Blick gut, ist es aber nicht. Setzt man als Wunschrente fürs Alter einen gewissen Anteil der aktuellen Nettobezüge im Arbeitsleben an, kann es bei Top-Verdienern folglich zu erheblichen Lücken zwischen Wunschrente und Realität kommen. Denn wer über der Beitragsbemessungsgrenze liegt, hat ja nicht mehr Rentenbeiträge eingezahlt als jemand, dessen Gehalt genau bei der Beitragsbemessungsgrenze liegt. Entsprechend kann der Lebensstandard dann im Rentenalter nicht mehr gehalten werden. Entsprechend sinkt wiederum, prozentual gesehen, das Rentenniveau in Bezug auf den Nettolohn, je höher der Verdienst ist. Das ist eine zwangsläufige Konsequenz des Systems. Wer sein Einkommensniveau halbwegs halten will, braucht dann eine entsprechende Zusatzabsicherung.

Bei einer Frührente, sprich der Rente mit 63, kürzt der Staat gleich doppelt. Die Frührentner bekommen weniger, weil sie weniger Jahre in die Rentenkasse einzahlen. Außerdem werden noch Abschläge auf die Rente vorgenommen – selbst bei oftmals langjähriger Einzahlung.

Das Flexirentengesetz wurde zwar dafür geschaffen, drohende Kürzungen bei einer früheren Rente auszugleichen. Es erlaubt freiwillige Zusatzbeiträge in die staatliche Rentenkasse in Raten oder als Einmalzahlung, um vorzeitig ohne Abschläge in Ruhestand zu gehen. Auch ein Hinzuverdienst ist in begrenztem Umfang möglich, doch eben wirklich nur in eingeschränktem Maße. Die freiwilligen Zusatzbeiträge in die Deutsche Rentenversicherung sind in den letzten Jahren stark angestiegen. Eine Lösung, um früher mit mehr

Geld in Rente zu gehen, zeichnet sich dadurch nicht wirklich ab. Das Gesetz bringt allenfalls kleine Erleichterungen.

Trotz alledem sehen viele Bürger in der Nullzinsphase die gesetzliche Rentenversicherung noch als sicheren Hafen an, wie der Focus berichtete. Dieser Schluss trügt, da langfristig auch die gesetzliche Rentenversicherung, die auf einem Generationenvertrag basiert, Liquiditätsengpässe haben wird. Dieses zeigen die Altersstrukturdaten, die wir uns angesehen haben. Zwar haben wir aktuell eine gute Beschäftigungsstruktur, sprich immer weniger Arbeitslose. Die Rede ist sogar von einem Fachkräftemangel. Allerdings steigt die Zahl der Rentenbezieher, und die Zahl der Erwerbstätigen sinkt im Verhältnis. Daraus ergibt sich, dass das Rentenniveau weiter sinken wird und es in Zukunft immer mehr Rentner geben wird, deren Rente nicht ausreicht und die deshalb Sozialhilfe beziehen müssen.

Also bleibt die private Vorsorge. Bei einem anhaltenden Niedrigzinsniveau wird allerdings auch dies, wie bereits erwähnt, schwierig. Daher bietet sich eine Lösung an, wie die sich verändernde Altersstruktur sich beim Aufbau eines Altersvorsorgevermögens nutzen lässt.

Unter anderem scheint der Gesundheitsmarkt hier als Wachstumsmarkt geeignet, hohe Renditen zu versprechen. Kombinieren Sie ertragsstarke und sichere Anlagen. Allerdings liegt es an Ihnen, die nötige Disziplin an den Tag zu legen, um privat vorzusorgen – so wie es auch mein Onkel getan hat, obwohl er dafür von anderen immer wieder belächelt wurde, weil er sich manche Ausgabe und manches Konsumgut, was er nicht für notwendig hielt, verkniff, das ansonsten gerade jeder haben wollte. Machen Sie es ihm nach und fangen Sie gleich damit an.

Darüber hinaus ist zu beachten, dass die Rente immer einen Bruttobetrag darstellt. Auch Rentner müssen Beiträge zur Pflege- und Krankenversicherung zahlen und vor allen Dingen müssen sie Steuern zahlen. Hier verweise ich auf mein Buch „Alles was Sie über Steuern im Ruhestand wissen müssen“, ebenfalls im FinanzBuch Verlag in München erschienen.

Unser Rentensystem wird in absehbarer Zeit kollabieren, wenn sich nicht grundlegend etwas ändert. Die Bundesbank hat die Dramatik erkannt. Die Politik diskutiert noch.

Wer früher mit mehr Geld in Rente gehen will, muss mehr als nur ein bisschen tun. Es gilt, überlegt vorzusorgen, und das auf lange Sicht. Tun Sie das für sich, für Ihre Kinder und Enkelkinder, dann können Sie beruhigt in die Zukunft blicken. Sie können dann früher mit mehr Geld in Rente gehen und das Leben in einem gewissen Wohlstand genießen, wie es auch mein Onkel tat. Er war übrigens auch im Alter immer noch sehr sparsam, erfreute sich aber an der Rendite, die er mit seinen Geldanlagen erzielte.

Nun müssen Sie sich nur noch Gedanken machen, was Sie mit Ihrem Ruhestand anfangen. Vielleicht arbeiten Sie nebenbei noch ein wenig, wenn es Spaß macht. Sie sind ja nicht darauf angewiesen. Oder Sie leben Ihre Hobbys aus, treten einem Rommé- oder Canasta-Verein bei, unternehmen E-Bike-Touren oder erklimmen den Mount Everest. Das war auch mein Wunsch, bis ich den Film „Everest" sah. Die Gefahr, meine Rente nicht genießen zu können, erschien mir daraufhin zu hoch. Ich ließ es bleiben. Nun werde ich wohl in Italien Rotwein trinken, im Gardasee schwimmen und ab und zu dem mehr oder weniger schönen Sonnenuntergang auf dem Lippesee entgegensegeln. Den Segelschein habe ich rein vorsorglich schon gemacht.

Ich wünsche Ihnen viel Freude in Ihrem wohlverdienten frühen Ruhestand mit mehr Geld.

Ihr Wolf-Dieter Tölle

28. DIE GOLDENEN REGELN

Hier die goldenen Regeln aus diesem Buch noch einmal in aller Kürze für Sie zusammengefasst:

- Beschäftigen Sie sich frühzeitig mit Ihrer Altersvorsorge.
- Verlassen Sie sich nicht auf die gesetzliche Rente, denn die Gesellschaft wird immer älter und die Rentenbezugsdauer immer länger.
- Die gesetzliche Rente stößt an ihre Grenzen.
- Die Renteneintrittsgrenze wird steigen.
- Der demografische Wandel wird über kurz oder lang zu verminderten oder gänzlich ausbleibenden Rentenanhebungen führen.
- Das Rentenniveau wird zukünftig immer stärker sinken.
- Entwickeln Sie eine Strategie und fangen Sie möglichst früh mit der Vorsorge an.
- Private Vorsorge wird auch für reguläre Altersrentner unerlässlich.
- Gehen Sie als gesetzlicher Rentner vorzeitig in Rente, müssen Sie erhebliche Abschläge für die gesamte Rentendauer in Kauf nehmen. Informieren Sie sich darüber.
- Gleichen Sie die Abschläge durch private Vorsorge aus.
- Altersteilzeit ist ein Weg, um früher in Rente zu gehen, wenn der Arbeitgeber einverstanden ist. Gehaltsabschläge müssen dann aber durch private Vorsorge ausgeglichen werden.
- Die Flexirente ist keine echte Lösung, um früher mit mehr Geld in Rente zu gehen. Sie enthält komplizierte Regelungen für die vorgezogene Altersrente.
- Private Vorsorge ist weiter unerlässlich.

- Es gibt betriebliche zusätzliche Altersversorgungen. Dabei kann oder muss der Arbeitgeber Zuschüsse zahlen. Es gibt unter bestimmten Voraussetzungen steuerliche Vorteile während des Erwerbslebens auf die Beiträge zu dieser Rente.
- Sonderzahlungen in die Deutsche Rentenversicherung gleichen Abschläge für einen früheren Rentenbeginn aus. Diese Sonderzahlungen können steuerlich geltend gemacht werden. Die Sonderzahlungen können in Teilbeträgen geleistet werden.
- Beginnen Sie so früh wie möglich mit der privaten Altersvorsorge.
- Sichern Sie sich Vorteile aus Betriebsrenten, staatlich geförderten Renten oder Sparplänen.
- Auch ein Eigenheim kann eine sinnvolle Geldanlage darstellen.
- Professionelle Beratung ist bei der Altersvorsorge das A und O.
- Risikofreudige Anleger können mit Fonds und ETFs hohe Renditen einfahren.
- Entwickeln Sie eine Strategie.
- Setzen Sie bei der Altersvorsorge nicht alles auf eine Karte.
- Setzen Sie sich mit den einzelnen Vorsorgeprodukten auseinander.
- Attraktive Immobilien in guter Lage sind ein gutes Investment zur Altersvorsorge. Achten Sie dabei aber auf die Mietrendite. Sichern Sie sich langfristig die niedrigen Zinsen zur Immobilienfinanzierung.
- Aufgrund des demografischen Wandels besteht ein großer Bedarf an Pflegeimmobilien. Eine Beteiligung ist auch im kleineren Rahmen über Beteiligungsgesellschaften möglich. Das ermöglicht langfristige und stetige Renditen ohne großen Verwaltungsaufwand.
- Eine Umkehrhypothek ist ein weiterer Weg, um Kapital für die Altersvorsorge über eine Immobilie zu generieren. Es handelt sich um einen Kredit, der im Laufe der Zeit durch Kumulation der Zinsen zunimmt. Die Umkehrhypothek bietet aber wegen des Mindestalters von 65 Jahren keine Möglichkeit, früher in Rente zu gehen.
- ETFs sind eine kostengünstige und renditestarke Anlage. Sie können auch in Form von Sparplänen ratenweise gekauft werden. Es handelt sich um Sondervermögen, das einen eingebauten Insolvenzschutz bietet.

- Klassische Renten- und Lebensversicherungen lohnen sich wegen des niedrigen Garantiezinses nicht mehr. Alte Verträge sollten Sie jedoch beibehalten und nicht kündigen.
- Suchen Sie nach Alternativen im Fondsbereich und hier speziell im Gesundheitsmarkt.
- Der Gesundheitsmarkt ist ein Wachstumsmarkt. Aufgrund der demografischen Entwicklungen wächst das Potenzial an innovativen und vorsorgenden Produkten im Gesundheitsmarkt.
- Investieren Sie nicht in Einzelwerte, sondern in Fondsprodukte und Sparpläne.
- Vermeiden Sie riskante Anlagen.
- Setzen Sie auf langfristige, stetige Renditen und regelmäßige Wertsteigerungen.
- Beobachten Sie den Markt.

Zum Schluss noch die wichtigste aller goldenen Regeln:
Fangen Sie noch heute mit dem Vorsorgen an, bleiben Sie am Ball und haben Sie Spaß an Ihrer Anlage, ganz im Sinne meines Vorsorge-Onkels, der immer zu sagen pflegte: „Nimm diejenige Geldanlage, von der du überzeugt bist, denn nur keine Vorsorge ist eine schlechte Vorsorge."

GLOSSAR

Altersrente – Rente, die mit Eintritt der Regelaltersgrenze gezahlt wird. Hinzuverdienst ist möglich.

Abschläge – Abschläge von der regulären Rente werden vorgenommen bei den Personen, die vor dem regulären Renteneintrittsalter in Rente gehen.

Betriebliche Altersvorsorge (bAV) – Eine zusätzliche Altersvorsorge, die durch den Arbeitgeber abgeschlossen wird und von diesem in der Regel zumindest mitfinanziert wird. Die bAV ist unter bestimmten Voraussetzungen in der Einzahlungsphase mit einer Befreiung von Steuern und Sozialversicherungsbeiträgen verbunden.

Betriebsrente – Eine Rente, die vom Betrieb finanziert wird.

Dachfonds – Fonds, die in andere Fonds investieren und daher eine besonders große Streuung erreichen.

DRV – Abkürzung für Deutsche Rentenversicherung. Träger der gesetzlichen Rentenversicherung.

ETF – „Exchange Traded Fund", ein börsengehandelter Fonds, der als Indexfonds die Kursentwicklung eines bestimmten (Aktien-)Index nachbildet.

Flexirente – Ergänzung der gesetzlichen Rentenversicherung, die den Übergang vom Erwerbsleben in den Ruhestand flexibler gestalten und eine Beschäftigung über die Regelaltersgrenze hinaus attraktiver machen soll.

Fonds – Finanzprodukte, die Kapital von Anlegern in unterschiedlichste Wertpapiere, wie zum Beispiel Aktien, Anleihen, Rohstoffe, Immobilien oder andere Fonds investieren.

Geldmarktfonds – Investmentfonds, die hauptsächlich in kurzlaufende Anleihen investieren und damit eine marktnahe Verzinsung erzielen.

Generationenvertrag – Umlagesystem der Deutschen Rentenversicherung. Die Generation der Arbeitnehmer zahlt über den Arbeitgeber Beiträge in die Deutsche Rentenversicherung ein, aus denen dann die aktuellen monatlichen Renten der bestehenden Rentner bestritten werden.

Gesundheitsmarkt – Güter und Dienstleistungen, die unmittelbar oder mittelbar der Förderung, dem Erhalt und der Wiederherstellung der Gesundheit sowie der Linderung von gesundheitlichen Beeinträchtigungen, Leiden und Schmerzen dienen.

Mischfonds – Fonds, die nicht nur in bestimmte Aktien oder andere Aktienfonds investieren, sondern auch in Anleihen und andere Vermögenswerte.

p2p-Kredite – Kurzform für „Peer-to-Peer-Kredite". Möglichkeit, Geld über Online-Plattformen privat als Darlehen an Kreditnehmer zu vergeben und mit den Zinsen Rendite zu erzielen. Riskantes Investment, das sich nicht für Altersvorsorgezwecke eignet.

Regelaltersrente – Die Rente, die jemand bekommt, wenn er mit dem Regelrenteneintrittsalter in Rente geht.

Sparplan – Möglichkeit, mit regelmäßigen, immer gleichen Sparraten in einen Fonds oder ein anderes Wertpapier zu investieren.

Sonderzahlungen – Zusätzliche Einzahlungen in die Deutsche Rentenversicherung, die unter bestimmten Voraussetzungen möglich sind, um Rentenabschläge zu vermeiden.

Vorsorge-Onkel – Onkel, der seinen Neffen massiv zum Vorsorge-Investment bewegt hat.

DANKSAGUNGEN

Ich kann es immer wieder nur betonen: Ein Buch zu schreiben ist eine anspruchsvolle Aufgabe, gerade bei einer so spannenden, aber auch umfassenden Materie wie der unseres Renten- und Vorsorgesystems. Private Vorsorge in Zeiten von Niedrigzinsen ist eine echte Herausforderung.

Daher gilt es zum Abschluss auch noch denjenigen Dank zu sagen, die das Entstehen dieses Ratgebers unterstützt haben.

- Danke, Berenice, Jonathan, Katharina und Frederik für Eure Geduld mit mir.
- Danke, Frau Juristin Anna Burg, für Ihre große Unterstützung und Recherche zu einzelnen Kapiteln in diesem Buch.
- Danke, Frau Mahmo, für die vielfältigen Schreibarbeiten.
- Danke, Frau Hamann, für die organisatorische Unterstützung.
- Danke den Herren der Apo-Bank, Münster, für konstruktive Informationen.

Mein Dank gilt natürlich auch dem Lektorat und dem Verlag sowie allen Lesern und fleißigen Vorsorgern.

DER AUTOR

Wolf-Dieter Tölle
Rechtsanwalt, Notar und Steuerberater
Fachanwalt für Steuerrecht
Fachanwalt für Erbrecht

ZUR PERSON

- Seit 1999 als Sozius der Kanzlei Tölle, Rechtsanwälte & Steuerberater, in Detmold tätig
- Langjährige Tätigkeit als Notariatsvertreter und Notariatsverwalter
- Dozent für den niedersächsischen Steuerberaterverband, die Steuerlehrgänge Dr. Bannas, Deutsche Anwalt Akademie, ARBER-Seminare, NWB-Akademie, RAK-Hamm und andere
- Autor und Redakteur diverser Fachpublikationen

- Mitglied der deutschen notarrechtlichen Vereinigung und im Vorstand der westfälischen Notarkammer
- Erster Vorsitzender des Lippischen Anwalt- und Notarvereins e. V., Mitglied der CoopeRAtion Ehe-, Familien- und Erbrecht

SCHWERPUNKTE

- Rentenrecht, Steuerrecht, Steuerberatung
- Familienrecht / Gestaltung und Beratung
- Allgemeines Zivilrecht, Arbeitsrecht, Vermögensrecht
- Wirtschafts- und Gesellschaftsrecht,
- Erb- und Nachfolgeregelungen, Gestaltungen zur Vermögensnachfolge

ANMERKUNGEN

1 Tölle, Wolf-Dieter: Alles was Sie über Steuern im Ruhestand wissen müssen. FinanzBuch Verlag München: www.finanzbuchverlag.de

2 Deutsche Rentenversicherung, www.deutsche-rentenversicherung.de und Deutsches Statistisches Bundesamt, www.destatis.de.

3 Tölle, Wolf-Dieter: Alles was Sie über Steuern im Ruhestand wissen müssen. FinanzBuch Verlag München: www.finanzbuchverlag.de

4 Statistisches Bundesamt, Sterbetafeln

5 Monatsbericht der Deutschen Bundesbank Oktober 2019, S. 55 f., https://www.bundesbank.de/resource/blob/811952/3683f523452442381e2121a78aa3cec6/mL/2019-10-rentenversicherung-data.pdf

6 Statistisches Bundesamt 2020 und CIA World Factbook

7 Deutsche Bundesbank, https://www.bundesbank.de/de/aufgaben/themen/anpassungen-bei-der-rente-unvermeidlich-665014

8 Eigene Darstellung, Datenquelle: Statistisches Bundesamt

9 Eigene Darstellung, Datenquelle: Statistisches Bundesamt

10 Eigene Darstellung, Datenquelle: Statistisches Bundesamt

11 Deutsche Rentenversicherung, https://www.deutsche-rentenversicherung.de/DRV/DE/Ueber-uns-und-Presse/Historie/historie_detailseite.html

12 Deutsche Rentenversicherung, https://www.deutsche-rentenversicherung.de/DRV/DE/Ueber-uns-und-Presse/Historie/historie_detailseite.html

13 Deutsche Bundesbank, https://www.bundesbank.de/de/aufgaben/themen/anpassungen-bei-der-rente-unvermeidlich-665014

14 Quelle: Focus Online, www.focus.de: https://www.focus.de/finanzen/altersvorsorge/rente/kontostand/durchschnittsrente_aid_19622.html

15 Deutsche Rentenversicherung 2020, https://www.deutsche-rentenversicherung.de/DRV/DE/Rente/Allgemeine-Informationen/Wissenswertes-zur-Rente/FAQs/Rente/Rentenniveau/Rentenniveau_Liste.html#587e268e-a875-4ba0-a80a-fba4f405ff95

16 Deutsche Rentenversicherung, Rentenversicherungsbericht 2019, die Zahlen für 2030 entstammen der gemeinsamen Finanzschätzung des Bundesministeriums für Arbeit und Soziales (BMAS, www.bmas.de) und der Deutschen Rentenversicherung (www.deutsche-rentenversicherung.de), 2020), https://www.bmas.de/SharedDocs/Downloads/DE/Thema-Rente/rentenversicherungsbericht-2019.pdf;jsessionid=DBFC14F0AE233C3FC504D6899538A564?__blob=publicationFile&v=4

17 Siehe dazu auch Tölle in „Alles was Sie über Steuern im Ruhestand wissen müssen", www.finanzbuchverlag.de

18 Eigene Darstellung, Daten: Statistisches Bundesamt (www.destatis.de)

19 SGB VI = Sechstes Sozialgesetzbuch

20 https://www.bmas.de/SharedDocs/Downloads/DE/PDF-Pressemitteilungen/2016/alterssicherungsbericht-2016.pdf?__blob=publicationFile&v=3

21 Eigene Berechnungen nach voraussichtlicher Rentendauer bei jährlicher Verzinsung

22 Eigene Berechnungen, Zinseszinsrechnung bei jährlicher Verzinsung

23 Eigene Berechnungen

24 www.apo-bank.de

Steuern steuern

Johann C. Köber

Johann C. Köber zeigt mithilfe der »Drei-Säulen-Strategie« wie sich Ihre persönliche Steuerlast nachhaltig senken lässt. Auch Sie als Durchschnittsverdiener können Ihren Vermögensaufbau über eine Kapitalgesellschaft wie zum Beispiel eine GmbH organisieren und sich damit Gestaltungsspielraum verschaffen. Über diese Gesellschaft lässt sich wiederum der Vermögensaufbau mit Aktien oder Immobilien steuersparend realisieren. Das erste Buch, das zeigt: Steuern steuern macht Spaß!

240 Seiten | Hardcover | 49,99 € (D) | ISBN 978-3-89879-923-2